Horst Rehmann

Gedichte aus dem täglichen Leben
Humor, Liebe, Lyrik & Verschiedenes

Horst Rehmann

Gedichte aus dem täglichen Leben

Humor, Liebe, Lyrik & Verschiedenes

Rediroma-Verlag

Bibliografische Information der Deutschen Nationalbibliothek:
Die Deutsche Nationalbibliothek verzeichnet diese Publikation in der Deutschen Nationalbibliografie; detaillierte bibliografische Daten sind im Internet über http://portal.dnb.de abrufbar.

ISBN 978-3-96103-780-3

www.rediroma-verlag.de
11,95 Euro (D)

Inhalt

Vorwort

Als Sohn eines Glückbringers (Kaminkehrermeister) wurde ich am 22. Mai 1943 in Bremen geboren. Meine Kindheit, Lehr,- und Jugendzeit verbrachte ich ebenfalls in Bremen. Erst mit 21 Jahren entdeckte ich, mehr oder weniger durch Zufall, meine Leidenschaft zum Schreiben und arbeitete von 1964 bis 1971 als freier Publizist für namhafte deutsche Tageszeitungen, u.a. Lübecker-Nachrichten, Bremer-Nachrichten, Neue Osnabrücker Zeitung. Durch meine Vorliebe zu Heinz Erhardt, der mich mit seinen ausgefallenen Sprüchen häufig zur Nachahmung inspirierte, bastelte ich mein eigenes lustiges Konzept und erfand ständig neue Reime und Redensarten, die ich dann in Gedichten festhielt. Seit 2008 (Rentenalter) wohne ich in Forchheim, am Rande der Fränkischen Schweiz, hier widme ich meine Zeit wieder voll und ganz dem Schreiben. Meine Geschichten, Gedichte und Aphorismen dienen in erster Linie der Unterhaltung. Unterhaltung in dem Sinne, dass ich meine Leser zum Lachen, aber auch zum Nachdenken anrege.

Freude und Heiterkeit

Immer wenn ich durch die Straßen geh,
in Gesichter vieler Menschen seh,
dann erkenn ich ihre Traurigkeit,
vermiss die Freude und Heiterkeit.

Die Gesichter sind müde und leer,
ich sehe keinerlei Lächeln mehr,
ist diese Geste solch eine Last,
die nicht mehr in die Gesellschaft passt.

Kurz entschlossen versuch ich mein Glück,
lächle hin und bekomm eins zurück,
es ist, als ob ich betteln gehe,
und Leute um ´nen Cent anflehe.

Ein paar Menschen stimme ich heiter,
geh stumm und lächelnd einfach weiter,
doch im tiefsten Innern frag ich mich,
Mensch – warum – bist du so unfreundlich.

Hör zu, mein Freund

Bedenke jedes Wort im Leben,
du musst niemanden beleidigen,
es könnt ein böses Nachspiel geben,
und du kannst dich kaum verteidigen.

Lass doch die Meinung andrer gelten,
red nicht ständig rein, lass sie in Ruh,
versuchs mit Anstand, nicht mit Schelten,
hör doch einfach mal ganz ruhig zu.

Mach Schluss mit deinen Vorurteilen,
schau erst mal hinter die Kulissen.
du kannst nicht nur laufend austeilen,
musst auch nicht alles besser wissen.

Es könnte ganz bestimmt nicht schaden,
ein klein wenig freundlicher zu sein,
du gehst auch sicherlich nicht baden,
wenn du schränkst, deinen Sarkasmus ein.

Sehr viele Menschen, die dich kennen,
würden solch einen Schritt begrüssen,
sonst wirst du, um es klar zu nennen,
eines Tages noch - dafür büßen.

Aufrecht geh´n

Es kostet oftmals sehr viel Schneid,
ein ehrliches Wort zu sagen,
egal zu wem, zu welcher Zeit,
man muss es einfach nur wagen.

Schwimmt man auch mal gegen den Strom,
wird's so manchem nicht gefallen,
doch am End erhält man den Lohn,
lässt man sein Wort nicht verhallen.

Man kann sein Lebtag aufrecht geh´n,
wenn man zeigt, sein starkes Rückgrat,
und auch die Andern werden´s seh´n,
dass nur die Wahrheit – Zukunft hat.

Klimawandel

Schon seit Tagen ist der Himmel grau,
hoffentlich wird er bald wieder blau,
der Verdruss hat sicher ihn verfärbt,
denn der Klimawandel ist schon derb.

So etwas ist kein Zuckerschlecken,
weil Lebewesen dran verrecken,
meist sind sie mit ihrem Kampf allein,
oftmals stellt man ihnen auch ein Bein.

Global ist es überall zu heiß,
an den Polen schmilzt rasant das Eis,
dies und mehr wird hämisch ignoriert,
es wird lediglich auf´s Geld gestiert.

Einfacher könnt´ doch so vieles sein,
würd der Mensch von Gleichmut sich befrei´n,
dies klappt, wenn er Verantwortung trägt,
nicht, wenn er am eignen Aste sägt.

Der Mensch von heut will´s nicht erkennen,
wird sich nicht selbst als dumm benennen,
und deshalb geht der Reigen weiter -
wenn´s zu spät ist - wird er gescheiter.

Damwild

Der trübe Abend, der kaum stört,
hat längst die Nacht schon im Gepäck,
der Punkt, an dem ein Damhirsch röhrt,
aus seinem Blätterwaldversteck.

Er bittet so um Nachtstille,
und will auch nicht gestört werden,
denn ein nächtliches Gebrülle,
ist tabu in Damwildherden.

Gut versteckt sind auch die Sterne,
noch hinter einem Wolkenband,
manchmal sieht man in der Ferne,
nur einen schwachen Lichterrand.

Ist das Wolkenband verschwunden,
leuchten die Sterne hell und klar,
das Damwild steht wie angebunden,
es lauert keinerlei Gefahr.

Unser Erdball

Wir laufen auf ihm und wir gehen,
nehmen ihn als selbstverständlich wahr,
doch wir sollten besser hinsehen,
denn dieser Erdball, ist wunderbar.

Er ist ur-uralt, kann viel tragen,
Menschen und Tiere in Millionen,
doch niemals wird er sich beklagen,
und sich in keiner Hinsicht schonen.

Auf diesem Erdball gibt´s viel Leben,
zig verschied´ne Arten von Getier,
und Pflanzen die nach oben streben,
stehen ohne Unterlass Spalier.

Doch es gibt auch eine Kehrseite,
von Gut, Schönheit und Beständigkeit,
man sollte suchen schnell das Weite,
wenn der Erdball bebt von Zeit zu Zeit.

Wenn man überlegt

Wenn man mal überlegt und bedenkt,
wie wunderschön sie ist - die Natur,
und das sie uns einst wurd´ geschenkt,
kreiert mit Wälder, Wiesen und Flur.

Und bedenkt man es mal andersrum --
es würd´ die Menschheit gar nicht geben,
die als Lebewesen schrecklich dumm,
Natur zerstört und eig´nes Leben.

Dann dreht sich bei manchem der Magen,
und die Nackenhaare kräuseln sich,
man muss es klar und deutlich sagen -
was der Mensch hier treibt, ist widerlich.

Er strebt nach Macht und irren Dingen,
die er meist mit Gewalt verrichtet,
er will Ruhm und Reichtum erzwingen,
sieht nicht - dass er die Welt vernichtet.

Klein, gross, geballt

Wolken, die hoch am Himmel ziehen,
heute, gestern, seit ewiger Zeit,
müssen stets vor dem Winde fliehen,
ohne Zukunft machen sie sich breit.

Sie fliegen leicht und locker dahin,
wenn der Sonnenschein die Welt erhellt,
dunkel sind sie, wenn Wasser darin,
das dann als Regen zur Erde fällt.

Zu jeder Uhrzeit sind Wolken da,
als Spielball des Windes ohne Ziel,
sie ziehen über´s Land, Jahr für Jahr,
klein, gross, geballt und doch - instabil.

Regenband

Ein breites, schwarzes Regenband,
zieht heute übers ganze Land,
von Norden, von der Waterkant,
bis tief hinein ins Bayernland.

Das Autofahren sei riskant,
das gaben Medien bekannt,
die Menschen lauschen sehr gespannt,
dem aller neusten Pegelstand.

Das Wetter wurde auch benannt,
es heißt ab heut, Tief Ferdinand,
und bleibt noch Stunden dominant,
hauptsächlich über Süddeutschland.

Ein Kleinbus, der im Tief verschwand,
entdeckte man in Schlamm und Sand,
das Unglück sah auch ein Passant,
vor Schreck verlor er den Verstand.

Ein Fußgänger am Straßenrand,
der brüllte laut und eklatant:
„Wo ist mein Auto, mein Trabant ?,
dies Sauwetter ist eine Schand !“

Trübe Spätherbstnacht

Trüb endet diese Spätherbstnacht,
ein Grau bedeckt das Himmelszelt,
nur ein einziges Sternchen lacht,
so als wäre es dort aufgestellt.

Durch die Buchen geht ein Raunen,
ergreift alsbald den kleinsten Busch,
zwei Meisen, etwas schlaftrunken,
fliegen davon in einem Husch.

Nebelschwaden durchziehen das Land,
so wie die Schäflein die Heide,
legen sich still auf Gras und Sand,
glitzern dort wie Perlgeschmeide.

Am Horizont erklimmt mit Macht,
der Sonne strahlend Angesicht,
das sich als diamant´ne Fracht,
in jedem Wassertropfen bricht.

Der neue Tag bäumt sich nun auf,
vertreibt das graue Nebelkleid,
und erzielt nach kurzem Anlauf,
stahlblauen Himmel - weit und breit.

In meinem Gartenteich

In meinem kleinen Gartenteich,
da lebt mein Goldfisch namens Tom,
er fühlt sich wohl in seinem Reich,
und wartet täglich, dass ich komm.

Hab ihn bei mir großgezogen,
von Hand gefüttert und verwöhnt,
den andern Fischen, ungelogen,
hat er das Futter auch gegönnt.

Er war mein erster Fisch - der Tom,
und wurde Herr in seinem Reich,
seit Jahren lebt er still und stumm,
ich halte stets sein Wasser weich.

Mein Tom ist treu und anhänglich,
so wie es auch bei Menschen ist,
was wäre er nur ohne mich,
ich glaub - sein Leben wäre trist.

Ostwind

Ein kalter Ostwind fegt durchs Land,
graue Wolken machen sich breit,
werden auch oft zur Nebelwand,
sind Vorboten vom Winterkleid.

Krähen schaukeln durch den Wind,
der Flügelschlag ist wohl bedacht,
und dort wo kahle Äste sind,
verharren sie die ganze Nacht.

Dieser Wind ist eine Plage,
für Mensch und Tier in der Natur,
ändern kann die Wetterlage,
nur mit ´ner Plus-Temperatur.

Alle würden Schnee begrüßen,
Wald und Feld im weißen Kleid,
keiner würd´ mehr frieren müssen,
im kalten Ostwind – wie zur Zeit.

Novembertag

Ich nenn dich heut einfach mal Paul,
weil du genau so träge bist,
du bist auch schmuddelig und faul,
dein Barometer steht auf „trist“.

Zeig mal dein freundliches Gesicht,
und lass das Sonnenlicht herein,
Transusen, die brauche ich nicht,
will wegen dir kein Griesgram sein.

Zieh jetzt den Wolkenvorhang auf,
und jag den kühlen Wind davon,
dann nimmt der Tag auch seinen Lauf,
und ich sag: „Lieber Paul - Pardon !“

Wind und Wolken

Wolkenfelder die vorüber ziehen,
die gibt es schon seit ewigen Zeiten,
stets müssen sie vor dem Winde fliehen,
zum Ruh´n gibt es kaum Gelegenheiten.

Sie fliegen wie leichte Daunen dahin,
selbst wenn die Sonne den Himmel erhellt,
manchmal sind auch dicke Tränen darin,
die herunter fallen auf unsere Welt.

Rund um den Globus sind die Wolken da,
der Wind treibt sie wie einen Federball,
so wird es weitergehen, Jahr für Jahr,
pausenlos, unaufhaltsam, überall.

Orchideen

Überall in Gärtnereien,
ist die Blütenpracht zu sehen,
hinter Glas und auch im Freien,
leuchten prachtvoll Orchideen.

In Weiß und Gelb und Violett,
in zarten frischen Mischfarben,
so zieren sie das Fensterbrett,
wirken graziös erhaben.

Diese schönen Königinnen,
zart und zierlich wie auch Feen,
sind schillernde Exotinnen,
Augenweiden - Orchideen.

Herbsttag im Garten

Hab im Garten jetzt viel Arbeit,
der goldne Herbst hält mich auf Trab,
verbring mit schuften meine Zeit,
kehr Laub und schneide Äste ab.

Alles muss ich schnell entsorgen,
hab meine eigne Strategie,
nichts verschiebe ich auf morgen,
bring es sofort zur Deponie.

Abends bin ich fix und alle,
gönn´ mir ein kleines Gläschen Wein,
hau mich dann in meine Falle,
und schlaf nach fünf Minuten ein.

Kinder im Herbst

Braungelbe Blätter tanzen im Wind,
Kinder toben in Herbstlaubhaufen,
ein jeder sieht, wie lustig sie sind,
wenn sie durch buntes Blattwerk laufen.

Sie stampfen auch gerne in Pfützen,
schimpfen nicht über nasse Füße,
sie sammeln die Eicheln in Mützen,
und knabbern die reifen Walnüsse.

Kinder wollen den Herbst erleben,
feuchtkalte Luft ist ihnen egal,
sie naschen vom Weinstock die Reben,
Herbst ist für Kinder - phänomenal.

Herbstlaub

Blätter haben es jetzt eilig,
fallen zur Erde im Akkord,
der Herbst ist ihnen heilig,
starker Wind bläst sie von Bord.

Und in dem bunten Blättermeer,
baut sich der Igel sein Zuhaus,
auch der Fuchs liebt Herbstlaub sehr,
ganz genau so wie die Wühlmaus.

Liegt der Garten aber voller Laub,
und Mieter stören sich daran,
macht sich der Eigner aus dem Staub,
schreit seinen Hausmeister schroff an.

Laub kann auch eine Plage sein,
auf dem Gehsteig und auf Strassen,
kommt der Mensch bei Nässe hinein,
lernt er Herbstlaub – laut zu hassen.

Die alte Birke

Die alte Birke bei uns vorm Haus,
sieht noch immer wunderschön aus,
sie biegt sich geschmeidig im Wind,
reckt sich, wie ein spielendes Kind.

Schon vierzig Jahre steht sie dort,
fest verwurzelt an diesem Ort,
Jahreszeiten stören sie nicht,
stets zeigt sie, ihr schönstes Gesicht.

Sie ist ein Wunder der Natur,
kurz gesagt, ein Sahnestück pur,
für Betrachter ein Augenschmaus,
ist unsere - Birke vorm Haus.

Kiebitze

Es zanken sich zwei Kiebitze,
auf des Marschlands grüner Spitze,
ein Kiebitzfräulein in der Au,
ist Sinn und Zweck von dieser Schau.

Denn mit dem Sieger aus dem Streit,
ist Fräulein Kiebitz paarbereit,
beide suchen dann präzise,
einen Nistplatz in der Wiese.

Drei Eier werden schnell gelegt,
die junge Brut hernach gepflegt,
stets treu bleibt sich das Kiebitzpaar,
und ruft „kiju-wit“ – ganz wunderbar.

Wettergemecker

Die Menschen schimpfen übers Wetter,
ihre Worte werden nicht netter -
dreht sich das Wetter ins Gegenteil,
ist ebenfalls die Welt nicht ganz heil -
ideales Wetter gibt es nicht,
und – es ist und auch nirgendwo in Sicht.

Lied der Nacht

In einer lauen Sommernacht,
hört man zart ein Vöglein singen,
im Federkleid der feinsten Pracht,
lässt es den Gesang erklingen.

Es singt in wunderschönen Tönen,
betört Herzen wie auch Seele,
will die Liebenden verwöhnen,
schlägt sein Lied aus voller Kehle.

Dieses so zarte Lied der Nacht,
hört man sehr gern und überall,
es wird fantastisch dargebracht,
vom Vöglein namens – Nachtigall.

Glühwürmchen

Glühwürmchen tanzen durch die Nacht,
suchen so nach einem Männchen,
haben ihr Lichtlein angemacht,
das sehr hell strahlt, an den Lendchen.

Glühwürmchen sind stets in Eile,
sie leben nur acht Wochen lang,
Nachts gibt's keine lange Weile,
um jedes Männchen gibt es Zank.

Das Glühwürmchen muss wachsam sein,
bei Frosch, Vogel, Spinnennetzen,
denn diese Drei sind vom Verein,
die das Glühwürmchen zerfetzen.

In Gras, Büschen und in Hecken,
legen die Weibchen Eier ab,
um hernach sich zu verstecken,
im Erdreich - im eigenen Grab.

Ganz normal sein

Ganz normal sein, im Strom mitschwimmen,
niemals schreien, immer ganz still sein,
stets gehorsam sein und zustimmen,
dann passt man auch ins System hinein.

Ganz normal sein heißt dazu gehör´n,
zu einem Club, zu einem Verein,
sich keineswegs an Vorschriften stör´n,
sie einhalten und keineswegs schrei´n.

Ganz normal sein ist erstrebenswert,
für den, der stets unentschlossen ist,
der einfach nicht auf andere hört,
aus panischer Angst vor Hinterlist.

Ich bin da lieber ganz unnormal,
und gehe meinen eigenen Weg,
ganz normal sein ist wie illegal,
bin lieber selbstbewusst und schräg.

Ehrlich sein

Viele Menschen sind am Streben,
andern immer Recht zu geben,
dieser Schwachsinn ist gefährlich
und meistens auch noch unehrlich.

Auch verdächtig sind zu nennen,
die stets schmeichelnd reden können,
da ist man besser taub und blind,
weil solche nicht sympathisch sind.

Manch einer aber hat den Trieb,
stets nein zu sagen aus Prinzip,
viel besser wär´s, er sagt es schlicht,
weil´s ehrlich ist – „Ich weiß es nicht.“

Fußballer und Dichter

Das Fußballspiel, des Mannes Pflicht,
manch Frau ist auch darauf erpicht,
ein Mann, der nicht auf Fußball steht,
der ist im Kopf etwas verdreht.

Ohne Fußball, keine Frage,
werden Männer oft zur Plage,
und die, die den Fußball hassen,
denen fehl´n im Schrank die Tassen.

Zur Dichterlesung kommen heut,
wenn´s wirklich hoch kommt, achtzig Leut´,
jedoch beim Fußball, das ist toll,
sind Stadien stets brechend voll.

Fußballspieler sind viel wert,
sie werden auf der Welt verehrt,
Tore schießen, sich dann schonen,
dafür zahlt man heut´ Millionen.

Vom guten Dichter, der längst krepiert,
wird bestenfalls der Name registriert,
und ist er lang schon am Verwesen,
wird man - vielleicht – seine Werke lesen.

Dichter schimpfe nicht, armer Tropf,
denn auch der Kicker braucht den Kopf,
viele dieser Ballgenossen,
hab´n Tore, per Kopf geschossen.

Beim Dichter fragen die Menschen: „Was,
Gedichte lesen, was soll denn das ?“
Vielleicht, in kultivierten Ländern,
wird sich irgendwann - was ändern.

Friede und Nächstenliebe

Brauchen wir ständig diesen Wachstum,
in der Wirtschaft und bei Finanzen,
ist es für Bosse schon längst Faktum,
das wir nach deren Nase tanzen ?

Kriegen die den Hals denn niemals voll,
sind die ständig nur am ausbeuten ?
Die Umwelt schonen, das wäre toll,
weil sonst bald Totenglocken läuten.

Wenn dies Narrenspiel so weiter geht,
wird es kommen wie´s schon öfter war,
dass man nur vor Trümmerhaufen steht,
und zwar, für unzählig viele Jahr.

Sieht man sich die Vergangenheit an,
weiß man, dass hier im Weltgetriebe,
nichts anderes existieren kann,
als - Friede und die Nächstenliebe.

Gewinnen und verlieren

Menschen wollen immer gewinnen,
sie hassen es, Verlierer zu sein,
was sie im Leben auch beginnen,
ständig wollen sie die Besten sein.

Doch wenn sie scheitern und verlieren,
stürzen sie tief in ein dunkles Loch,
dort fangen sie an zu sinnieren,
und kriechen geläutert wieder hoch.

Das Verlieren fällt dann nicht mehr schwer,
solch Erlebnis prägt der Mensch sich ein,
kommt er als Erster mal nicht daher,
wird er gern zweiter Gewinner sein.

Der Mensch erkennt durch Niederlagen,
das gewinnen gar nicht wichtig ist,
und das er ohne stets zu klagen,
nicht einen einzigen Sieg – vermisst.

Lebe jetzt

Hast du viel durchgemacht im Leben,
und denkst manchmal, es geht nicht mehr,
sei stark, es wird noch vieles geben,
denk immer dran, man liebt dich sehr.

Verzweifle nicht in schweren Stunden,
bleib dir stets treu, gib niemals auf,
einst hat das Leben dich gefunden,
wirf es nicht fort, mach deinen Lauf.

Spreng alle Ketten und mach dich frei,
das Leben ist dir lieb und teuer,
lebe jetzt, sei munter dabei,
in deinem Herz - lodert noch Feuer.

Vor meinem Haus

Ein “Schwarzer“ und zwei “Grüne“,
steh´n direkt vor meinem Haus,
der “Schwarze“ ist ein Hüne,
schaut zwar stark, doch schmutzig aus.

Ein paar Meter daneben,
steht einer der “Roten“,
hat vorn ´nen Zettel kleben,
mit Pflichten und Verboten.

Ein “Gelber“ steht schräg davor,
mit mächtig großer Klappe,
der “Blaue“ am Gartentor,
ist auch nicht grad aus Pappe.

Wenn ich diese “Bunten“ seh´,
wird mir ständig speiübel,
ich mag sie nicht in der Näh´,
diese sechs - Restmüllkübel.

Die Religion und das Geld

Die Religion und das Geld,
regieren auf der ganzen Welt,
die Bibel und auch der Koran,
verführen Menschen oft zum Wahn.

Moral, die ignoriert man sehr,
rennt nur dem Mammon hinterher,
überschritten werden Grenzen,
selten gibt es Konsequenzen.

Den Herrgott gibt's in jedem Land,
doch er wird meistens umbenannt,
Allah heißt er bei Muslime,
er verlangt - harte Regime.

Der Christengott will´s Gegenstück,
verkündet - Liebe, Leid und Glück,
doch welcher Glaube richtig ist,
weiß kein Muslim und auch kein Christ.

Der Magnat hat Geld, weil Gott es will,
der Gläubige diktiert ganz still,
ein jeder handelt in Gottes Namen,
persönlich kennt ihn keiner – Amen.

Hoffnung und Kraft

Ich bin zurück vom Spaziergang,
bitterkalt war´s und es lag Schnee,
jetzt sitz ich steif auf der Eckbank,
wärme mich auf, mit heißem Tee.

Denke an Menschen da draußen,
die dort leben bei Tag und Nacht,
unter Brücken dürftig hausen,
und hämisch dafür ausgelacht.

Sie kämpfen ums Überleben,
bitten um Geld und etwas Brot,
lassen sich gern Suppe geben,
die sie durchwärmt, in ihrer Not.

Tägliches Leid überstehen,
und nicht erfrieren in der Nacht,
sie wollen leben und sehen,
wie die Frühlingssonne lacht.

Auch an die Menschen denke ich,
die gebrechlich sind und schwer krank,
deren Lage teils unmenschlich,
und Hilfsbereitschaft stetig sank.

Ich bewundere diesen Mut,
wie´s der Betroffene oft schafft,
statt darzustellen seine Wut,
zu verkörpern - Hoffnung und Kraft.

Vieles verloren

Der Mensch lacht, obwohl vieles zum Weinen ist,
er schweigt, obwohl es so viel zu reden gibt,
er bedient sich immer mehr der Hinterlist,
betrügt Personen, die er früher geliebt.

Werte die ihm gelehrt, liegen im Argen,
er träumt ständig von einer besseren Welt,
hat keine Zeit, etwas zu hinterfragen,
sein Denken und Streben dient nur noch dem Geld.

Der Mensch ähnelt schon längst einer Maschine,
er handelt meist ohne menschlich zu denken,
ist trotzdem so fleißig wie eine Biene,
weil verborgene Triebe sein Werk lenken.

Menschlichkeit erscheint fast schon wie blanker Hohn,
es wird nur ausgeführt, was streng befohlen,
und letztendlich geht es nur noch um den Lohn,
den sich Regierende ansonsten holen.

Ein jeder kann im Leben viel bewegen,
er wurde mit Herz und Verstand geboren,
das kann die Zeitgeschichte klar belegen,
doch mit den Jahren ging - vieles verloren.

Verbitterung

Das freies Atmen fällt mir schwer,
mein Brustkorb ist wie eingeschnürt,
seit Tagen ist mein Herz so leer,
als ob es gar kein Blut mehr führt.

Wahrnehmungslos und wie verwirrt,
so renn ich ziellos durch die Zeit,
Gedanken haben sich verirrt,
ich spüre nur noch Traurigkeit.

Kein Licht brennt mehr am Horizont,
das meiner Seele Frieden schenkt,
es rollt zu mir die kalte Front,
die von Verbitterung gelenkt.

Zeit

Zeit pausiert nicht, an keinem Ort,
VORWÄRTS ist ihr einziges Wort,
rücksichtslos, eisig kalt und stur,
weicht sie nicht ab von ihrer Spur.

Die Zeit ist kostbar, wie man weiß,
auf uns´rem Weg vom Kind zum Greis,
doch manchmal läuft sie schier davon,
denn heut ist morgen gestern schon.

Ob wir nun arm sind oder reich,
die Zeit ist für uns alle gleich,
Stunden werden zu Sekunden,
Uhren drehen ihre Runden.

Aus Tagen wird ruckzuck ein Jahr,
aus jedem IST wird stets ein WAR,
verschenke niemals deine Zeit,
nutze sie, sei ständig bereit.

Und sieh dich um in deiner Welt,
mach einfach das, was dir gefällt,
was du auch tust ist einerlei,
doch tu´s - sonst ist die Zeit vorbei.

Schöne Tage im Leben

In unser´m Leben gibt´s Tage,
die sind so wunder, wunderschön,
doch nicht ein Mensch kann für immer,
auf rosaroten Wolken geh´n.

Bringt die allererste Liebe,
Dir Deinen allerersten Kuss,
kommt mit ihm der Liebeskummer,
und oftmals auch der Streit zum Schluss.

Zum ersten Mal erlebst Du dann,
die lange Nacht voll Zärtlichkeit,
doch bis hin zum nächsten Morgen,
liegt alles schon so weit, so weit.

Bringt auch Deine große Liebe,
Dir nicht nur lauter Freud´ und Glück,
denkst Du irgendwann mit Wehmut,
an die Vergangenheit zurück.

Folgt nach vielen Höhenflügen,
schlagartig die Ernüchterung,
behalt trotzdem nur das Schöne,
tief in Dir - als Erinnerung.

Wenn gute Menschen

Wenn gute Menschen von uns geh´n,
dann geht ein großer Teil der Welt,
weil doch immer nur das Gute,
das Leben schmückt und uns erhält.

Auch wenn wir uns häufig fragen,
warum muss vieles denn so sein,
dann kann uns die Antwort sagen,
nur ein einziger, ganz allein.

Denn sein Tun ist unergründlich,
er gibt auch niemals Rechenschaft,
doch Er zeigt uns immer wieder,
Beweise seiner steten Kraft.

Doch viel Trost wird Er uns spenden,
wenn wir Ihm voll und ganz vertrau´n,
seinem Ratschlag uns ergeben,
und ständig nur nach vorne schau´n.

Wie auf einer fernen Insel

Wie auf einer fernen Insel,
mit vielen Menschen rings umher,
ein großes Heer von Gesindel,
mitten im blauen Weltenmeer.

Weit entfernt von guten Händen,
fernab von Zwischenmenschlichkeit,
und noch weiter weg von Stränden,
an denen herrscht die Freundlichkeit.

Diesem Sturme ausgeliefert,
durch hohe Wellen stets bedroht,
und vielem mehr, das schief fährt,
das nicht mehr hängt im rechten Lot.

Und dann kein Wind in den Segeln,
der mich zum guten Festland treibt,
so dass mir nur unter “Flegeln“,
ein Dasein auf dem Eiland bleibt.

Vergib mir - und Danke

Zeit – vergib mir, dass ich dich viel zu oft vergeude,
Kraft – verzeih mir, dass ich gelegentlich schwach werde,
Geduld – vergib mir, dass ich dich manchmal verliere,
Mut – verzeih mir, dass ich dich nicht immer besitze,
Lüge – vergib mir, dass ich, wenn nötig, nach dir greife,
Kritik – verzeih mir, dass ich dich nicht immer wertschätze,
Zeichen – vergebt mir, dass ich euch häufig übersehe.

Glück – ich vergebe dir, dass du mich wohl gern übersiehst,
Phantasie – vielen Dank, dass ich so viel von dir habe,
Glaube – hab Dank dafür, dass du mich niemals verlässt,
Körper – ich danke dir, dass du mich durchs Leben trägst,
Seele – herzlichen Dank, dass du mich ich selbst sein lässt,
Gewissen – danke, dass ich täglich ruhig schlafen kann,
Liebe – meinen allerbesten Dank, dass ich meine Liebe fand.

Dichter und Schreiber

Wenn Worte flink im Kopf rumhüpfen,
allmählich sich zum Reim verknüpfen,
dann ist dem Dichter das gelungen,
was bald vom Leser wird verschlungen.

Denn Worte mit viel Herz gestalten,
und damit Menschen unterhalten,
als Reim, Lyrik oder Poesie,
ihre Wirkung verfehlen sie nie.

Es kommt aufs Geschick des Schreibers an,
wie er mit Worten jonglieren kann,
besser wenn er sich nicht knechten lässt,
gut Gereimtes nicht in Formen presst.

Den Gedanken freien Lauf lassen,
Worte finden, in Reime fassen,
alles bündeln zu einem Gedicht,
zufrieden - des Schreibers Angesicht.

Lebensdevise

Alles auf der Erde nimmt sich Zeit,
leider nicht wir Menschen, wir eilen,
wir laufen und rennen zur Arbeit,
haben keine Zeit zum Verweilen.

Tiere und Pflanzen sind ein Gespann,
und in jeder Hinsicht gescheiter,
wir Menschen knipsen die Lichter an,
schuften und hetzen nachts noch weiter.

Die innere Uhr spürt keiner mehr,
niemand hält sich an Jahreszeiten,
im Winter braten wir am Südmeer,
im Sommer sind Ski da zum Gleiten.

Wir sind besser, zu allem bereit,
das ist uns´re Lebensdevise,
dann kommt die “Hätten wir doch nur“ Zeit,
und gleich darauf – die Daseinskrise.

Die Uhr läuft

Sei stolz auf deine Heiterkeit,
dein Lächeln, deinen frohen Mut,
plagt dich auch mal die Bitterkeit,
denke stets - es wird wieder gut.

Musst im Alltag dich viel plagen,
stößt dir der Kummer oftmals auf,
hast du schwer daran zu nagen,
dann dreh dich um - und pfeife drauf.

Täglich solltest du dran denken,
dies Leben gibt es einmal nur,
noch eins wird man dir nicht schenken,
schnell, immer schneller - läuft die Uhr.

Denk niemals dran, was kommen mag,
leb heut und nimm dir vieles vor,
es ist zu spät an jenem Tag,
wenn du stehst - vorm Himmelstor.

Logisch denken

Aus Fehlern lernt man, sagt man so,
ich frage mich deshalb, wieso,
wird man durch Fehler wirklich klug,
ich denk´s mal durch, so Zug um Zug.

Mach ich oft Fehler, lerne ich,
mach ich keine, bleib ich dämlich,
doch drehe ich die Sache um,
ist der perfekte Mensch, strohdumm.

Und die Moral von der Geschicht:
Verachte Deine Fehler nicht,
liebe sie, wie Dein eignes Kind,
weil sie - Erfolgsgaranten sind.

Herrscher

Herrscher wollen, das ist ihr Wesen,
Gedanken ihres Volkes lesen,
Unruhen wollen sie erblicken,
und sie sofort im Keim ersticken.

In solch Diktatur ist zu nennen,
dass Politiker Hirne trennen,
wer anders denkt, wird eingesperrt,
und schnellstens vor Gericht gezerrt.

Bald hat jeder, mit nur einem Dreh,
einen Chip im Kopf, das tut nicht weh,
Herrscher hören dann von jedermann,
Gedanken am PC, per WLAN.

Das Land in Big Brother umgestalten,
den Einzelnen von oben verwalten,
so denkt der Mensch nur noch Banales,
und vor allem - nichts Radikales.

Wer sein Land regiert

Wer sein Land nur mit Selbstsucht regiert,
sich für Gewalt ausspricht, ungeniert,
wer mit Aggression verhandeln will -
für den ist es besser, er bleibt still.

Der, der das eigne Volk ignoriert,
glaubt, dass er mit Geld glanzvoll regiert,
der muss die Arroganz nicht noch zeigen –
viel besser wär´s, er würde schweigen.

Wenn solch einer sich noch profiliert,
zeigt, dass keiner ihn interessiert,
er alles will allein verwalten -
der sollt´ nur eins, den Mund schnell halten.

In der Stille findet er vielleicht,
wofür sein Intellekt nicht reicht,
doch wenn er dann auf Gott vertraut,
wird ihm klar - dass Liebe Brücken baut.

Anerkennung

Anerkennung hätte man gern,
einmal sein, der leuchtende Stern,
für all' die Mühe, die man hat,
einsteigen, in des Lobes Bad.

Einen wohl längst verdienten Lohn,
erwartet man seit Jahren schon,
doch nicht einmal ein "Danke sehr",
kommt auf dem Lebensweg daher.

Mit Eifer, Tatkraft und viel Fleiß,
vergießt man täglich seinen Schweiß,
man knechtet ständig, Jahr für Jahr,
doch der gerechte Lohn, bleibt rar.

Lobgesang und Anerkennung,
sind von einer andern Innung,
drum klopft man eben, das muss sein,
die eigne Schulter – ganz allein.

Irgendwann im Alter

Irgendwann nach vielen Jahren,
kannst du nicht mehr Auto fahren,
musst dich dann zu Fuß bewegen,
das bringt Saft und Kraft und Segen.

Willst du dich dann mal besaufen,
ist es ratsam, erst zu laufen,
sonst sitzt du mit zwei Promille,
garantiert auf deiner Brille.

Deinen Heimweg findest du nicht,
trotz Mondenschein und Straßenlicht,
deine Frau muss dich dann suchen,
sie wird furchtbar mit dir fluchen.

Das Essen wird für dich ein Graus,
dein Gebiss klappert und fällt raus,
sogar die Glieder schmerzen dir,
die Haut gleicht Pergamentpapier.

Denk einfach nicht darüber nach,
vergiss das ganze Weh und Ach,
genieß dein Alter lebensfroh,
denk - andern geht es ebenso.

Wer Fehler macht

Gerd fragt kleinlaut, etwas verwirrt,
warum er nicht befördert wird,
er rackert wie ein wilder Stier,
macht keine Pausen, trinkt kein Bier.

Auf Wunsch von einigen Kunden,
macht er gratis, Überstunden,
Beförderung gab´s, zig Fälle,
nur er tritt immer auf der Stelle.

Dazu meint Betriebsrat Seeler:
„Wer viel arbeitet, macht Fehler,
wer wenig arbeitet, hat gut Lachen,
und wird auch wenig Fehler machen,
wer gar nichts tut, der ist groß raus,
kommt völlig ohne Fehler aus,
beim Chef wird das alles erörtert,
der Fehlerfreie - wird befördert !“

Schöne Tage genießen

Sind wir mal offen und ehrlich,
das Leben ist verdammt beschwerlich,
doch immer wieder, keine Frage,
gibt es auch wunderschöne Tage.

Die sollte man vergnügt genießen,
an Kleinigkeiten nicht verdrießen,
schöne Tage sind so dünn gesät,
dass kein Adlerauge sie erspäht.

Überraschend kommen sie daher,
sind manches Mal auch spektakulär,
man sollte sie freudig durchleben,
denn sie sind - am Weinstock die Reben.

Das Lebens-ABC

A-nständig sein,
B-esonnen sein,
C-harmant sein,
D-ankbar sein,
E-hrlich sein,
F-reundlich sein,
G-elassen sein,
H-erzlich sein,
I-dealistisch sein,
J-ovial sein,
K-ompromissbereit sein,
L-ustig sein,
M-itfühlend sein,
N-atürlich sein,
O-ptimistisch sein,
P-ositiv denken,
Q-uicklebendig sein,
R-ealistisch sein,
S-ympathisch sein,
T-olerant sein,
U-rig sein,
V-ertrauen haben,
W-eltoffen sein,
X-XL- Lebensfreude haben,
Y-in und Yang sein,
Z-ufriedenheit ausstrahlen.

Was wäre …

Was wäre Am ohne Erika,
oder ein An ohne Alphabet,
was wäre Bratis ohne Lava,
oder ein Cabrio ohne Let,
was wäre ein Gier ohne Affe,
oder Nordsüdtang ohne Ente,
was wäre die Tat ohne Waffe,
oder die Eide ohne Rente,
was wäre Schwach ohne Sinn,
und was wär Hildes ohne Heim,
was wäre ein Haupt ohne Gewinn,
und was wär ein Gedicht ohne Reim ?

Es wäre ohne Anzug im Eben,
ganz ohne Stral, ohne Sund,
es wär ein Saul ohne Eben,
es wär jeder Deutsch nur Und !

Sturm

Ganz plötzlich spürte ich eine Brise,
dann kam Platzregen und ein kalter Wind,
Schutz fand ich im Wald neben der Wiese,
mir war klar, dass ein Unwetter beginnt.

Bäume bogen sich synchron mit der Zeit,
auch Tiere spürten das Wetter geschwind,
Astwerk und Blätter flogen endlos weit,
nichts konnte sich halten bei diesem Wind.

Zwei Stunden dauerte dies Szenario,
dann machte ich mich auf den Weg nach Haus,
mir ist zum Glück nichts passiert, ich war froh,
doch auf den Straßen sah es furchtbar aus.

Dachziegel, Fensterscheiben überall,
die Einsatzkräfte hatten viel zu tun,
ich bin mir fast sicher, in diesem Fall,
der Sturm ähnelte stark - einem Taifun.

Glück genießen

Am Morgen wenn die Sonne scheint,
und Kraft durch deinen Körper fließt,
dann bist du mit dem Glück vereint,
und es gibt nichts, das dies vermiest.

Die Sorgen lässt du abblitzen,
folgst beharrlich deinen Träumen.
bleibst heut nicht am Schreibtisch sitzen,
gehst spazieren unter Bäumen.

Verbringst den Tag von früh bis spät,
in Ruhe und Gelassenheit,
verspürst nicht wenn der Wind sich dreht,
versinkst einfach, in Raum und Zeit.

Hernach wirst du zufrieden sein,
und auch nichts kann dich verdrießen,
das Glück gehört dir ganz allein,
du kannst es endlos - genießen.

Im Märchenwald

Im Märchenwald direkt am See,
hört man Elfen leise singen,
und eine zauberhafte Fee,
lässt acht Glocken dazu klingen.

Die Erste klingelt HERZLICHKEIT,
die Zweite schlägt für SORGENFREI,
die Dritte schallt für FRÖHLICHKEIT,
die Vierte tönt ganz zart VERZEIH.

Die Fünfte hallt ZUFRIEDENHEIT,
die Sechste läutet LEBENSKRAFT,
die Siebte schellt GEBORGENHEIT,
die Achte dröhnt voll LEIDENSCHAFT,
das dies hier nur - die LIEBE schafft.

NEUES REISEBÜRO

Mit uns, vom neuen Reisebüro,
starten sie künftig mit Apollo,
wir bringen sie hinaus ins All,
gleich nach dem Start, mit Überschall.

Für Mond, Sterne und Planeten,
brauchen sie nicht viel Moneten,
denn vieles gibt's zum Sonderpreis,
es reist ganz kostenlos, der Greis.

Sehr günstig ist der Flug zum Mond,
weil er seit je her unbewohnt,
die Aussicht ist dort endlos weit,
ein Mondauto steht schon bereit.

Auch Wellness in der Umlaufbahn,
bieten wir neu, als Kurztrip an,
Geschenkgutscheine, unser Hit,
da fliegt sogar die Oma mit.

Wer eines Tages nicht mehr lebt,
im Testament nach Weite strebt,
den schießen wir vor Publikum,
trauernd, weit ins Universum.

Wir sind für ihren Urlaub da,
der länger dauert als ein Jahr,
mit Optimismus und viel Glück,
kehr´n sie auch kerngesund zurück.

Reklamationen jeder Art,
erbitten wir gleich nach dem Start,
nach Ihrer Rückkehr wär´s verkehrt,
und außerdem schon längst verjährt.

Planen sie Urlaub nur mit uns,
wir sind bekannt bei Hunz und Kunz,
guten Flug mit der Apollo,
wünscht ihr - NEUES REISEBÜRO.

Über siebzig

Über siebzig, lustig und keck,
nur das “Flotte“ ist leider weg,
Glieder knacken oft beim Bücken,
manchmal schmerzt es auch im Rücken.

Wo Muskeln war´n, ist schlaffe Haut,
der Körper hat stark abgebaut,
Haare grau, auch um die Augen,
Zähne, die zu nichts mehr taugen.

Das “gut hören“, wie´s mal war,
ist auch schon lange nicht mehr da,
die Brille ist ein stetes Muss,
so ist nun mal – der Lebensfluss.

Glück

Während seines Erdenlebens,
schaut man oft und doch vergebens,
nach vorn, zur Seite und zurück,
sucht ständig einen Weg zum Glück.

Mal ist es da, mal ist es dort,
will man es greifen, ist es fort,
ohne Glück lässt sich zwar leben,
doch geht manches oft daneben.

Auch wenn das Glück verloren geht,
der Sturm des Lebens es verweht,
den Heimweg findet es alsbald,
macht dann auch häufig länger Halt.

Das Glück ist unberechenbar,
ist fix zur Stelle, macht sich rar,
geht geheimnisvolle Wege,
Glück ist und bleibt – ein Stratege.

Mal unten, mal oben

Mal ist man unten und mal ganz oben,
ständig wird man hin und her geschoben,
unser ganzes Leben lang geht es so,
doch wir stehen auf, selbst nach ´nem KO.

Nach Ruhe und Frieden folgt meistens Krieg,
und nach der Niederlage kommt ein Sieg,
der tägliche Wechsel der Gezeiten,
kann Freude, Kummer und Leid bereiten.

Nicht immer ist es einfach im Leben,
viel bleibt verschlossen, wonach wir streben,
doch manchmal steht uns zur Seite das Glück,
schenkt uns vom Guten, ein riesiges Stück.

Des Lebens Auf und Ab muss man versteh´n,
sehr weise hat man damit umzugeh´n,
nur wer sie beherrscht, diese große Kunst,
steht auch ein Leben lang – in ihrer Gunst.

Echte Freunde

Echte Freunde erkennt man nicht am Namen,
echte Freunde erkennt man an ihrem Tun,
sie helfen immer gern, ohne zu fragen,
lassen Aufmerksamkeit und Hände nie ruh'n.

Wer hätte nicht auch sehr gerne einen Freund,
auf den man sich voll und ganz verlassen kann,
bei dem man sein Tun und Handeln nicht bereut,
weil man von ihm weiß, er gehört zum Gespann.

Einen Freund der dich auch mal am Schopfe packt,
wenn du irgend wann mal aus der Reihe tanzt,
der dich hält und dir dann ins Gesicht auch sagt,
wer du bist und das du auch nicht alles kannst.

Von falschen Freunden lasse dich bitte nicht,
zu völlig undurchdachten Taten verführ´n,
gehe stets vorher selbst mit dir ins Gericht,
dann wird dir in Zukunft - kein Fehltritt passier'n.

Sei du selbst

Nehmen heißt auch eisern sein,
drum nimm viel - nur eines nicht,
und schon lange nicht zum Schein -
nimm einfach keine Rücksicht.

Sag am Arbeitsplatz mal „nee“,
verlang mehr Lohn fürs Leben,
niemand tust du damit weh -
wer hat, der soll auch geben.

Denke nicht, es fehlt der Sinn,
wenn für Dienste du verlangst,
du kommst vorwärts und dort hin,
wo du lebst, ganz ohne Angst.

Sei du selbst und werd´ geliebt,
von allen die dich kennen,
sie sind froh, das es dich gibt,
und dich - Mensch mit Rückgrat nennen.

Der Tag beginnt

Der allererste Sonnenstrahl,
beginnt am Himmel zu kämpfen,
das Licht scheint noch etwas fahl,
lässt sich von Nebel dämpfen.

Dann bekommt die Sonne Glanz,
erhebt sich hoch und weiter,
bald gehört der Himmel ganz,
dem gold'nen Wegbegleiter.

Und auf Erden kommt es nun,
zum munteren Erwachen,
nichts und Niemand will mehr ruh`n,
der Tag beginnt - sein Lachen.

Glücklich wird man …

Glaube ist, wenn Menschen wühlen,
im Innern, nach dem wahren Ich,
Glaube heißt den Schmerz zu fühlen,
der schon lang so unerträglich.

Hoffnung bedeutet Sonnenschein,
und nicht, im Kummer ersticken,
denn Hoffnung kann die Rettung sein,
wenn Gedanken vorwärts blicken.

Zuversicht bei Lebenswerke,
hat so manchen Schmerz besiegt,
Zuversicht gibt so viel Stärke,
wenn sie im Kopf ganz vorne liegt.

Glücklich wird man automatisch,
mit Glaube, Hoffnung, Zuversicht,
damit fühlt man sich fantastisch,
kommt nie mehr aus dem Gleichgewicht.

Fehler

Man lernt aus Fehlern, wird gesagt,
und deshalb hab ich mich gefragt,
wird man aus Fehlern wirklich schlau,
ich betrachte es mal genau.

Mach ich Fehler, lern ich dazu,
mach ich keine, sagt man „Nanu“,
doch drehe ich die Sache um,
dann sind perfekte Menschen dumm.

Drum ist die Moral der Geschicht -
Verachte Deine Fehler nicht,
liebe sie, wie Dein eignes Kind,
weil sie Erfolgsgaranten sind.

Spazieren gehen

Spazieren gehen Schritt für Schritt,
hält Leib und auch die Seele fit,
wenn dabei Gedanken fließen,
ebenfalls Ideen sprießen,
wenn Sauerstoff zum Antrieb wird,
und der Geist zum Sinn hin führt,
dann wird ganz plötzlich klar der Blick,
Graues lichtet sich, Stück für Stück.

Vorbei ist das, was Stimmung drückt,
die Seele ist im Nu beglückt,
Stress des Alltags ist gewichen,
Mensch, er fühlt sich ausgeglichen,
gehen, gehen und vergessen,
es ist fort, was festgesessen,
es ist alles überwunden,
purer Frohsinn macht die Runden.

Gehen, laufen, Leben spüren,
nicht mehr in Vergang´nem rühren,
vorwärts sehen und erleben,
Glück dem eignen Körper geben,
am Abend ausgeglichen ruh´n,
und nur das Wichtigste noch tun,
zu dem neu Erlebten stehen,
und öfter – spazieren gehen.

Fußabstreifer

Wenn ich mal vor dem Schöpfer steh,
und er fragt: „Wie war Dein Leben ?“
Dann sag ich nur: „Oh je, oh je,
es ging vieles wohl daneben.“

„Ich war nur ein Fußabstreifer,
wurde ständig hart getreten,
sinnlos war mein ganzer Eifer,
völlig zwecklos auch das Beten.“

„Übles musste ich ertragen,
von morgens früh bis abends spät,
selbst an wunderschönen Tagen,
war ich nur ein - “Benutzgerät“ !“

„Doch ich will mich nicht beklagen,
auch wenn vieles ernsthaft schwer war,
hab Strapazen stets ertragen,
jammern war für mich undenkbar.“

„Nach Jahren hab ich dann erkannt,
die Erfahrung macht auch reifer,
selbst im Umfeld wirkt man noch charmant,
als abgelatschter – Fußabstreifer !“

Ein besonderes Tier

Ich bin sehr tierlieb, glaubt es mir,
und trotzdem hasse ich ein Tier,
dieses Tier, das Ohrwurm heißt,
geht mir ständig auf den Geist.

Er nervt und geht mir auf den Keks,
daheim sowie auch unterwegs,
immer wieder, schon seit Wochen,
kommt er lästig angekrochen.

Wirbt laut bei mir um Sympathie,
stets mit der gleichen Melodie,
will ich mal an gar nichts denken,
fängt er an auf sich zu lenken.

Dieser Wurm macht mich verrückt,
und schon bald ist´s ihm geglückt,
kann mich kaum noch konzentrieren,
werd noch die Geduld verlieren.

Er singt mit seinem eignen Chor,
mir stets das selbe Lied ins Ohr,
und das auch noch im gleichen Takt,
ich halt´s nicht aus und das ist Fakt.

Nie mehr schalt ich mein Radio an,
weil er sich dann nicht mehren kann,
gleich spül ich meine Ohren aus,
und mach dem Ohrwurm - den Garaus.

Ein Maulwurf

Ein Maulwurf gräbt ganz ohne Spaten,
seit Tagen schon, in meinem Garten.
er wühlt Beete und den Rasen auf,
ich schau nur, mit einem Lächeln drauf.

Fleißig find ich ihn, lass ihn graben,
und wild in seinen Hügeln schaben,
vorwärts wühlt er, Meter für Meter,
Pause macht er sicher erst später.

Oder er wird zum Nachbarn gehen,
um dort das Erdreich umzudrehen,
ein Maulwurf gräbt und wühlt ohne Ruh,
Grundstücksgrenzen sind für ihn – tabu.

Glück

Viele, auf der Suche nach Glück,
haben sich meistens verrannt,
mancher wurde sogar verrückt,
durch die Gier ohne Verstand.

Wahres Glück besteht nicht aus Geld,
und das Glück ist auch nicht Macht,
das Glück regiert nicht diese Welt,
und Glück ist auch keine Pracht.

Glück ist: So viel wie möglich lachen,
und ohne Alltagsstress erwachen,
winzig kleine Erfolge spüren,
und mit Worten - Herzen berühren.

Sonnenblume

Hast du einen eignen Garten,
ganz egal, ob groß, oder klein,
nimm dir im Frühjahr den Spaten,
setz eine Sonnenblume ein.

Schon im Juni wird sie blühen,
und hellgelb leuchten, wunderbar,
als würden Sonnenstrahlen glühen,
so zeigt sich dieses Exemplar.

Sie blickt immer hin zur Sonne,
von morgens früh bis abends spät,
welch ein Schauspiel und welch Wonne,
ihr zuzuschau´n, wie sie sich dreht.

Selbst wenn die Sonne dann und wann,
von dunklen Wolken wird verhüllt,
schau dir die Sonnenblume an,
sie ist genau - ihr Ebenbild.

Sommerabend

Ein Sommerabend still und klar,
mit traumhaft süßem Blumenduft,
die Sonne macht sich langsam rar,
weil bald die Nacht zum Schlafe ruft.

Leichter Wind bewegt die Äste,
singt die Abendserenade,
der Horizont in roter Weste,
glänzt als Märchenlandfassade.

Diese schönen Impressionen,
die am Abend faszinieren,
gibt es noch in Jahrmillionen,
und keiner kann sie - ruinieren.

Dummheit

Der Mensch lobt gern seinen Verstand,
und meint – die Macht ist Intellekt,
doch wer sich umsieht hier im Land,
der hat ganz sicher schnell entdeckt,
dass fast ein Jeder übertreibt,
wenn er von eig´ner Klugheit spricht -
denn was letztendlich übrig bleibt,
das taugt der vielen Worte nicht.

Fortschritt - nennt der Mensch - Zerstörung,
das stete Wachstum dann - Kultur,
Geld ist für ihn Machtvermehrung,
nie hört er - die tickende Uhr,
Wälder fällt er, verseucht das Meer,
verschmutzt Flüsse, verpestet Luft,
schickt in Kriege ein großes Heer,
nur weil die Gier nach Sieg wieder ruft.

Der Mensch will haben und kriegen,
ohne zu fragen, wem´s gehört,
der Gefallene bleibt liegen,
am Leben bleibt nur, wer sich wehrt,
keiner will die Wahrheit sehen,
es gibt nur den Profit, der zählt,
irgendwann wird's nicht mehr gehen,
der Globus ward zu sehr gequält,
es ist zu spät, zu erkennen,
dass Intellekt kein Freibrief ist,
Dummheit sollte man es nennen,
das, was in vielen Köpfen frisst.

Momentaufnahme

Vergangnes darf Menschen nicht verdrießen,
weil ihnen „Ändern“ keinesfalls gelingt.
Zukunft lässt sich nicht sofort erschließen,
denn selten ist gewiss, was sie ihm bringt.

Den Augenblick kann man nur jetzt genießen,
indem man ihn dankbar und sofort verschlingt,
denn zwischen dem Damals und Bald zu leben,
ist einzig und allein, das - was uns gegeben.

Spiegelbild meiner Seele

Gedichte, Spiegelbild meiner Seele,
offenbaren meines Herzens flehen,
zeigen aber auch, wie ich mich quäle,
und wie sich meine Gedanken drehen.

Geschrieben in wunderschönen Worten,
erreichen Gedichte ein jedes Herz,
sie öffnen phantastische Pforten,
in ein Reich ohne Leid, Kummer und Schmerz.

Gedichte zeigen das Bild dieser Welt,
offenbaren die strahlende Schönheit,
beschreiben das hellblaue Himmelszelt,
und das Leben in kostbarer Freiheit.

Gedichte kennen keinerlei Grenzen,
sie überwinden Mauern und Schranken,
sind durch nichts und niemand zu bremsen,
ständig sind sie am wachsen und ranken.

Wer meine Gedichte liest und versteht,
weiß genau was ich beim Schreiben fühle,
und er merkt sofort worum es sich dreht,
spürt auch, worin ich gedanklich wühle.

Meine Gedichte schreibe ich quer Beet,
oder für eine bestimmte Person,
ein liebes Wörtchen, das als Dank ergeht,
empfinde ich – als wunderbaren Lohn.

Facebook

Facebook ist wie ein Gesellschaftsspiel,
das sich um den ganzen Erdball zieht,
interessant ist es, bietet viel,
oft verdirbt es auch den Appetit.

Facebook öffnet global die Türen,
zeigt weltweite Ereignisse an,
doch manches mag auch dazu führen,
dass Böses zutage kommen kann.

Facebook ist auch oftmals nicht gerecht,
wenn es um die Meinungsfreiheit geht,
manchem Mitglied wird urplötzlich schlecht,
wenn “gesperrt“ auf seiner Seite steht.

Facebook ist ansonsten ideal,
für Freundschaft und Kommunikation,
es ist ein umfangreiches Portal,
von dem man allgemein sagt – passt schon.

Mimik

Mimik im Gesicht kann viel verstecken,
die größte Liebe und den größten Schmerz,
doch oft zeigt sie auch Kanten und Ecken,
die kränken und beschädigen das Herz.

Die Mimik kann aber auch beschützen,
vor dem Falschen und auch vor dem Wahren,
doch kann sie in Wahrheit wirklich nützen,
oder will sie nur vieles verscharren.

Die Mimik kann auch vieles verhindern,
so, das Andre nicht sehen was man fühlt,
doch kann sie Schmerzen auch wirklich lindern,
wenn im Inneren alles aufgewühlt.

Gutes und Schlechtes kann die Mimik tun,
doch fragt man sich, ob es wirklich was nützt,
auch ohne Mimik kann man bestens ruh´n,
weil sie nur kurz – Situationen stützt.

Sommerzeit

Wenn der Tag sich nicht mehr vor Wärme ziert,
und wenn der Abend seine Zeit verliert,
wenn die Menschen wieder fröhlich werden,
und die kurzen dunklen Tage sterben,
wenn man wieder gerne zum Schwimmen geht,
und jeden Tag, als wär´s der Letzte, lebt,
wenn man einfach nur lacht und glücklich ist,
und all seine Sorgen blitzschnell vergisst,
wenn man die Musik hört, nicht nur den Text,
und Getränke zu sich nimmt, mal auf Ex,
wenn man abends einen Sonnenbrand spürt,
und im Cocktailglas der Eiswürfel klirrt,
wenn das Haar von der Sonne heller wird,
und kein Gewitter die gute Laune verdirbt, -

Wenn alles das passiert, ist die Sommerzeit da,
und das Leben wird wieder - wunder, wunderbar.

Die tollen Tage

Sie sind da, die tollen Tage,
eine Art Idiotenplage,
stets auf Kommando lustig sein,
können sie, die Leut´ am Rhein.

Ihr albernes Alaaf-Geschrei,
ertönt sogar noch nachts um Drei,
kein normaler Mensch kann schlafen,
das Geblök ist wie bei Schafen.

Sie bezeichnen sich als Jäcken,
um ihr Antlitz zu verstecken,
werfen Bonbons in die Menge,
saufen, schmatzen im Gedränge.

Und ist sie um, die Narrenzeit,
vergeht auch schnell die Heiterkeit,
es wird malocht von früh bis Nacht,
nur Vater Staat - der lacht und lacht.

Herbstanfang

Von Bäumen taumelt erstes Laub,
der Sommer hat sich rar gemacht,
es wirbelt nirgendwo mehr Staub,
weil Regen ihn zu Matsch gemacht.

Auch Nebelschwaden grau und schwer,
sind des Herbstes Weggenossen,
sie kommen stillschweigend daher,
zeugen Unheil - unverdrossen.

Zum Herbst gesellt sich auch der Sturm,
er tobt und wütet stundenlang,
tief gräbt sich ein, im Feld der Wurm,
weil er ihn spürt – den Herbstanfang.

Könnte, hätte, würde

Gäbe es nicht die große Hürde,
ich könnte, ich hätte, ich würde,
dann wäre ich glücklich auf Erden,
ohne Last und ohne Beschwerden.

Ein Traumjob wäre das Richtige,
hart schuften, das Null und Nichtige,
leben, so wie die Made im Speck,
auf der schneeweißen Weste, kein Fleck.

Auch reisen wäre etwas Gutes,
rund um die Welt und frohen Mutes,
stets genügend Geld in der Tasche,
nicht mehr beachten, die Pfandflasche.

Ich könnte, würde, hätte noch mehr,
wenn da das Wörtchen “wenn“ nicht noch wär,
immer wieder steht es im Wege,
wie ein Unterlassungsstratege.

Doch die vier Worte halten auf Trab,
sonst gäb´s kein Bergauf und kein Bergab,
drum bin ich auch froh, dass es sie gibt,
damit das Weltbild – sich nicht verschiebt.

Die Jugend von heute

Es plappert heute die Jugend,
alles Alte ist primitiv,
sicher ist es ihre Tugend,
sie sehen Neues - positiv.

Die Technik ist zwar fortschrittlich,
und vieles ist in ihrem Sinn,
gedacht wird jedoch wirtschaftlich,
und es geht meistens um Gewinn.

Romantik wie in alter Zeit,
für junge Menschen ein Tabu,
sie wollen kein Leben zu Zweit,
sind mit ihrem "Tablet" per Du.

Spazieren gehen im Mondschein,
ist altmodisch, einfach nicht "In",
gemütliches Beisammensein,
einfach sinnlos, ganz ohne "PIN".

Die Alten nennen sie Spießer,
rennen selbst am Leben vorbei,
kennen nicht das Wort "Genießer",
und nicht die Sternennacht im Mai.

Was nützt Whatsapp und SMS,
wenn das Miteinander verkommt,
es wäre nötig - ein Prozess,
namens "Mensch änd´re dich" -
und zwar prompt.

Mensch lebe!

Du hast viel geschafft im Leben,
und sagst dir oft, es geht nicht mehr,
hast dein Bestes stets gegeben,
doch jetzt im Alter fällt´s dir schwer.

Mach dir schnellstens schöne Stunden,
genieße, lebe, gib nicht auf,
hast dich lang genug geschunden,
hör nicht auf andre - pfeife drauf.

Sprenge die Ketten, mach Dich frei,
das Leben ist dir lieb und teuer,
Mensch lebe, zeig dein Konterfei,
denn dein Herz ist noch - voll Feuer.

Mal richtig, mal falsch

Hab im Leben vieles genossen,
aber auch negatives gemacht,
hab sehr viele Tränen vergossen,
und über vieles herzhaft gelacht.

Hab gelogen und Unrecht getan,
Nachsicht geübt und viel verziehen,
gute Gelegenheiten vertan,
Herzensdinge an Falsche verliehen.

Hab Schönes mit Freude betrachtet,
war blind, hab Übles übersehen,
Warnungen hab ich oft missachtet,
musste sträflich im Regen stehen.

Hab sehr viel Schmerzliches ertragen,
auch vor Begeisterung geschrieen,
ich konnt´ mich dem Bösen entsagen,
selbst wenn´s zunächst von Vorteil erschien.

Hab auch manch Liebe nicht erwidert,
doch auch sehr viel Liebe bekommen,
hab mich nicht einfach eingegliedert,
bin stets in meinen Strom geschwommen.

Hab aus Gut und Schlecht sehr viel gelernt,
bin meinen eignen Weg gegangen,
hab mich vom wahren Leben nie entfernt,
muss um meine Zukunft – nicht bangen.

Siebzig Jahre

Wenn du die siebzig Jahr´ erreicht,
und Herbst durch deinen Körper schleicht,
dann weißt du wie es um dich steht,
wie schnell die Lebenszeit vergeht.

All die Jahre sind verflogen,
schnell an dir vorbei gezogen,
jetzt stehst du da und blickst zurück,
auf Lebensmut und Lebensglück.

Doch wenn du in den Spiegel siehst,
dein Leben in den Falten liest,
dann stellst du fest, du bist ein Greis,
der langsam fährt, aufs Abstellgleis.

Natürlich lässt du das nicht zu,
ziehst dir nicht an den alten Schuh,
singst laut und lauter, ganz spontan:
„Mit siebzig fängt das Leben an !“

Denn leben, lieben, glücklich sein,
im Herzen sehr viel Sonnenschein,
mit diesem Motto, das ist klar,
lebst du noch viele, viele Jahr.

Würde der Mensch …

Würde der Mensch etwas mehr auf sich selber achten,
und nicht nur nach Hab und Gut der anderen trachten,
würde er seine eigenen Grenzen mehr respektieren,
und nicht so viel schikanieren und tyrannisieren,
würde er für Mitmenschen mehr Verständnis aufbringen,
und sie nicht schamlos mit aller Kraft niederringen,
würde er etwas mehr mit Würde und Anstand leben,
und sich auch mal in die Haut der Andern begeben,
würde er Bedürftige mehr Unterstützung anbieten,
und sie nicht betiteln als unnütze kleine Nieten,
würde er keine sinnlosen Kriege anzetteln,
und nicht die Ärmsten der Armen zwingen zu betteln,
würde jeder täglich nur etwas mehr Liebe geben,
und die Probleme mit Herz und Sorgfalt beheben,
dann könnte es für die Menschheit besser werden,
sie würde glücklich und zufrieden leben – hier auf Erden.

Geld macht nicht glücklich

Manch einer auf Erden, liebt schnödes Geld,
obwohl er weiß, dass nur die Liebe zählt,
doch viele Menschen sind so besessen,
das sie für Bares - alles vergessen.

Menschen die unter dieser Sucht leiden,
sollte man schnell und rechtzeitig meiden,
denn die, die nur an den Mammon denken,
lassen sich von Besessenheit lenken.

Glücklich sind diese Personen selten,
weil für sie nur die Geldberge gelten,
Liebe und Herz zeigen sie nur zum Schein,
diese Menschen sind fast immer - allein.

Urteilen

Ein Mensch ist gut, ein Andrer schlecht,
keiner soll darüber richten,
es wäre besser und gerecht,
auf solch Reden zu verzichten.

Hatte er Einfluss, Macht und Geld,
dann hat fast jeder ihn gekannt,
und geht er dann von dieser Welt,
wird stets das Gute nur genannt.

Doch wenn ein Unbekannter stirbt,
gibt's weder Trauer noch Gebet,
weil so etwas den Tag verdirbt,
und auch kein Hahn mehr nach ihm kräht.

Ob arm, ob reich, ob gut, ob schlecht,
jeder hat ein Recht auf Leben,
vor-urteilen ist nicht gerecht,
denn meistens liegt man – daneben.

Tattergreis

Um mich korrekt zu beschreiben,
werde ich hier ehrlich bleiben,
mich nicht ins Abseits bewegen,
alles - wie folgt - klar darlegen.

Figürlich würde ich sagen,
gibt's überhaupt nichts zu klagen,
mein Charakter ist makellos,
und meine Herzenswärme groß.

Mein Betragen ist äußerst gut,
wenn es sein muss, zeige ich Mut,
auch meine Haut ist noch famos,
und mein Gebiss ganz lückenlos.

Ich kämme noch mein volles Haar,
und meine Augen sehen klar,
nichts Schlechtes ist zu entdecken,
außer, zwei Geheimratsecken. ---

Gern würde ich mich noch so seh´n,
und aufrecht vor dem Spiegel steh´n,
doch bei rechtem Licht betrachtet,
hab die Wahrheit ich - missachtet.

Denn vieles an mir ist derweil,
jetzt im Alter - das Gegenteil,
ich trag ´ne Brille, hab Falten,
und Zähne, die kaum noch halten.

Die Gelenke – abgerieben,
mein Charakter - ist geblieben,
jetzt fahr ich Richtung Abstellgleis,
und bin schon bald – ein Tattergreis.

Der Dichter

Wenn Worte sich als Reigen finden,
sich lyrisch aneinander binden,
vom Dichter aufgeschrieben werden,
gibt es nichts Schöneres auf Erden.

Die Worte mit viel Herz gestalten,
und witzig, traurig, lieb verwalten,
sie fest verknoten mit Phantasie,
und sie dann formen, zu Poesie.

Immer kommt es auf den Dichter an,
wie er mit Worten umgehen kann,
reiht er sie nicht korrekt zusammen,
wird ihn der Leser bald verdammen.

Doch steht sein Vers wie eine Mauer,
bleibt er gewiss von langer Dauer,
erhellt unzählige Gesichter. ---
Darüber freut sich dann – der Dichter.

Satan ist der große Chef

Der Satan ist der große Chef,
er führt und lenkt zurzeit global,
hauptsächlich beim Regententreff,
diktiert er Handlungen total.

Das Gute wird von ihm verflucht,
und die Regierungschefs verhext,
er ist mit Wissen gut betucht,
und schreibt stets den Gesetzestext.

Er verpönt feste Verträge,
macht einfach das, was ihm gefällt,
er verteilt nur Paukenschläge,
mit denen er die Menschheit prellt.

Als Bürger fragt man sich sehr oft,
wie konnte so etwas gescheh´n,
ganz anders als man sich erhofft,
muss man auf Scherbenhaufen seh´n.

Trotz der Regentenschwindelei,
schwört man der Partei die Treue,
und folgt noch dieser Schweinerei,
täglich - jedes Jahr aufs Neue.

Kneipp-Methode

Das Wassertreten macht viel Spaß,
selbst in des Baches kühlem Nass,
dies riet einst auch der Pfarrer Kneipp,
als Wohltat für den ganzen Leib.

Die Kneippkur hilft stets präventiv,
ist ideal und kurativ,
lindert allerlei Beschwerden,
die der Mensch beklagt auf Erden.

Doch Krankenkassen sind meist stur,
verweigern vehement ´ne Kur,
drum kommt immer mehr in Mode,
die bewährte - Kneipp-Methode.

Wir Menschen

Wir, die Menschen, haben wenig Zeit,
sind trotzdem zu Risiken bereit,
wir sind mutig, stark, haben Elan -
doch verlässt uns die Kraft, was ist dann ?

Wir haben alles, wollen noch mehr,
ist Überfluss da, freut es uns sehr,
wir schaffen weiterhin fleißig an -
doch werden wir mal krank, was ist dann ?

Wir Menschen spielen frech mit dem Glück,
das schnell verrinnen kann, Stück für Stück,
wir streben immer weiter voran -
doch stürzt Unglück herein, was ist dann ?

Steht dann der Tod vor der Tür, ganz stur,
singt wohl keiner mehr in Moll und Dur,
wir flehen dann um unser Leben -
zu spät, das wird´s für KEINEN geben !

Lieber Gott, bewahre mich

Ein jedes Mal, kurz vor der Wahl,
wird Wahlversprechen mir zur Qual,
bevor die Sonne untergeht,
sprech ich deshalb ein Nachtgebet:

„Herr, erleuchte die Minister,
diese lügenden Philister,
hilf ihnen denken jeden Tag,
damit ich weiter sie ertrag,
wirf ihnen etwas Hirn herab,
bring diese Bande mal auf Trab,
und - lieber Gott, bewahre mich,
vor denen, die nur sorgen – für sich.“

Reichtum – war ihm wichtig

Manch einer glaubt auf dieser Welt,
dass Reichtum froh und glücklich macht,
und das er mit dem vielen Geld,
auch überall als Letzter lacht.

Immer nur hetzt er im Leben,
dem schnöden Mammon hinterher,
kann nur nehmen, doch nicht geben,
kennt keine Ruhepause mehr.

Umwelt wird von ihm missachtet,
für Tier und Mitmensch fehlt ihm Zeit,
doch wer´s ganz genau betrachtet,
sieht nichts als Unzulänglichkeit.

Die Raffsucht und Unmenschlichkeit,
lässt ihn keinen Tag verschnaufen,
Gesundheit und Zufriedenheit,
kann auch er mit Geld nicht kaufen.

Im Sterbebett wird ihm dann klar,
seine Gier, sie war nicht richtig,
er war ein Leben lang ein Narr,
und nur Reichtum – war ihm wichtig.

Gerechtigkeit und Sklaverei

Ist die Gerechtigkeit gestorben ?
Sind Großunternehmer verdorben ?
Welch dieser Sätze stimmt hier wirklich ?
Der Zweite scheint mir mehr als richtig !

Denn, betrachte ich die Arbeitswelt,
die so mancher für “in Ordnung“ hält,
dann seh´ ich, “moderne Sklaverei“,
hör von Regierende, “Heuchelei“.

Wird billig nicht genug produziert,
geht der Boss ins Ausland, ungeniert,
lässt dort Kinder für sich arbeiten,
und das Wort “Qualität“ verbreiten.

So verliert man den Arbeitsplatz hier,
und muss sich begnügen, mit Hartz IV,
gezwungen wird man dann, zum Verzicht.
Ungerecht ? – neiiiin – das gibt es hier nicht !

Ein Gedicht

Ist ein Gedicht schon ein Gedicht,
nur weil man es in Reimen spricht,
oder muss man mehr beachten,
weil Dichter einst Regeln machten ?

Muss ein Gedicht richtig klug sein,
oder reicht ein “spritzig“ allein,
wer bestimmt den Wert der Zeilen,
wenn sich die Meinungen teilen ?

Ist ein Gedicht erst ein Gedicht,
wenn man keine der Regeln bricht,
ist man erst dann dazu bereit,
es zu wahren, für lange Zeit ?

Auch wenn so manche Frage quält,
es ist nur Phantasie, die zählt,
denn des Poeten Sinneskraft,
ist die – die ein Gedicht erschafft !

Ein Kinderherz

Es leidet oft ein Kinderherz,
erfährt so manchen bösen Schmerz,
wenn es die Hand zur Mutter streckt,
wird häufig auch mal Angst geweckt.

Der Vater wohnt nicht mehr zuhaus,
er zog vor Monaten schon aus,
Mutter wollt´ ihn nicht mehr lieben,
hat ihn aus dem Haus getrieben.

Verworren schaut das kleine Kind,
doch dafür ist die Mutter blind,
will die Tränenflut nicht sehen,
lässt ihr Kind im Abseits stehen.

Letztendlich wird sie wehmütig,
und drückt ihr Kind ganz demütig;
singt leis ein Lied, macht einen Scherz,
besänftigt so – das Kinderherz.

Entfernte Verwandte

Global gibt es Orte, wo viel man sich paart,
doch das Geld für Kondome, wird eingespart.

Die Pille ist manch Frau nicht gut bekommen,
drum wird sie meistens, erst gar nicht genommen.

Versaute Bande, nennt man sie oft zu Recht,
und dieser Ausdruck ist auch gar nicht so schlecht.

Denn überall hat solch schlampige Bande,
ganz sicher - viele - entfernte Verwandte.

Nicht „Akropolis adieu“ – sondern:

Mein Brokkoli, oh weh

Mein Brokkoli, oh weh, was muss ich seh´n.
Die grünen Röschen sind jetzt braun.
Was ist gescheh'n ?
Ich hätt´ dich gern beschrieben,
als Brokkoli, aus Prien.

Es war September einst in Prien.
Dein grünes Köpfchen litt schon sehr.
Ich fragte dich: „Wann blühst Du wieder ?"
Und dachte mir: „Gewiss nie mehr".
Mein Brokkoli, oh weh, was muss ich seh´n.
Die grünen Röschen sind jetzt braun.
Was ist gescheh'n ?
Du hast so schön getrieben,
mein Brokkoli, aus Prien.

Ein starker Frost machte dir´s schwer,
und morgen bin ich ganz allein.
Drum lass mich tanzen, bis zum Morgen,
es wird bestimmt nie mehr so sein.
Mein Brokkoli, oh weh, ich muss geh'n.
Die grünen Röschen sind jetzt braun.
Ich hab´s geseh´n !
Ich wär so gern geblieben,
mein Brokkoli, adieu.. La la la la la, la...

Mein Brokkoli, adieu, ich muss geh'n.
Die grünen Röschen jetzt braun.
Es ist gescheh'n ?
Ich wär' so gern geblieben,
mein Brokkoli, ich geh. Mein Brokkoli, ade.

Die alte Mühle

Die alte Mühle steht allein,
bei Regen, Sturm und Sonnenschein,
ihr Mauerwerk porös und schwach,
die Flügel drehen sich - mit Krach.

Zieht man ihr Antlitz in Betracht,
dann weiß man wer es einst vollbracht,
die Handwerkskunst aus früher Zeit,
zählt heut noch zur Besonderheit.

Doch wenn die Mühle nicht gepflegt,
wird sie vom Zahn der Zeit zerlegt,
und jeder der vorübergeht,
fragt sich - wie lang sie wohl noch steht.

Frische Brötchen

Die frischen Brötchen sind ein Muss,
für jeden Kenner ein Genuss,
innen weich und außen knackig,
da sagt jeder gern: „Die mag ich.“

Und es ist wahrlich auch kein Scherz,
es öffnet sich sogar das Herz,
wenn früh am Morgen auf dem Tisch,
die Brötchen liegen, dampfend frisch.

Mit Quark und auch Marmelade,
Honig oder Schokolade,
schmeckt jedes Brötchen delikat,
es ist kurz gesagt, ´ne Wohltat.

Auch Käse, Würstchen oder Speck,
erfüll´n als Aufstrich ihren Zweck,
man hört deshalb aus Volkes Mund,
frische Brötchen – sind so gesund.

Qualm und Dunst

Wer tagtäglich in der Küche steht,
weiß, dass vielfach was daneben geht,
manch einer muss den Pfannekuchen,
den er so brutzelt, auch mal suchen,
weil sich beim Wenden oft die Pfanne,
sowohl bei Frau als auch beim Manne,
mit ´nem flottem Schwung sich hoch erhebt,
und der Kuchen an der Decke klebt,
oftmals fällt er dann, man glaubt es nicht,
dem Verdutzten schnurstracks ins Gesicht,
worauf nun dieser, zutiefst gekränkt,
diese Pfanne einen Kumpel schenkt.

In der Küche ist auch schon passiert,
wenn die Pfanne nicht mit Fett geschmiert,
dass statt dem schmackhaften Omelette,
man verwundert sieht, nur ein Brikett,
und von dessen zweifelhaftem Duft,
sich dann ruckzuck füllt die Küchenluft,
kein einziger der Küchenhelden,
wird sich alsdann zu Worte melden,
nein, man sieht des Koches hohe Kunst,
wie sie verschwindet - in Qualm und Dunst.

Sich häuten

Man müsste sich einfach häuten,
so wie die Schlangen es können,
ein andres Leben einläuten,
´ne neue Zukunft sich gönnen.

Etwas am Leib modellieren,
den Charakter leicht anpassen,
das Leben gut strukturieren,
und neue Entschlüsse fassen.

Doch Achtung, alles mit Bedacht,
denn es wird, wenn Haut erneuert,
so manch ein Kunstfehler gemacht,
den man hinterher bedauert.

Drum ist es besser im Leben,
stets seine Haut zu behalten,
sie kann so viel Schönes geben,
sogar - wunderschöne Falten.

Zwei Seiten

Ich freu mich auf das Tageslicht,
das mich am Morgen lautlos weckt,
des Wecker`s klingeln mag ich nicht,
weil es mich fürchterlich erschreckt.

Erwache ich bei Sonnenschein,
dann bin ich blitzschnell munter,
spring aus dem Bett mit beide Bein,
flitz galant die Treppe runter.

Genieß ich dann mein Frühstücksei,
legt schnell das helle Sonnenlicht,
den Staub auf meinen Schränken frei,
und ändert abrupt mein Gesicht.

Ich schäme mich, sag, man-o-man,
ein jeder lernt es schon beizeiten,
doch keiner denkt tagtäglich dran,
das auch das Schönste hat – zwei Seiten.

Die starken Männer

Die starken Männer weinen nicht,
sind durch gar nichts zu verletzen,
selbst ihre Tränen im Gesicht,
können sie durch Ulk ersetzen.

Die starken Männer sind nie krank,
sind auch keineswegs empfindlich,
sie schlürfen einen Fitnesstrank,
schon sind sie - unüberwindlich.

Die starken Männer sind stets da,
sind freundlich und sehr hilfsbereit,
sie schützen andre vor Gefahr,
beweisen ihre Tapferkeit.

Die starken Männer reden nicht,
glänzen immer nur mit Taten,
wie sie dann sind, im wahren Licht,
werden sie, niemals verraten.

Doch all zu oft trügt nur der Schein,
da gibt´s gar nichts zu entschärfen,
mit Sorgen sind sie meist allein,
trotz ihrer Drahtseilnerven.

Nur die engsten Freunde wissen,
wie´s um die starken Männer steht,
denn auch sie weinen in Kissen,
weil sich die Welt – für alle dreht.

Spätherbst

Spätherbst macht sich jetzt bemerkbar,
schickt schon dichte Nebelwände,
und macht auf diese Weise klar,
das er jetzt herrscht - hier im Gelände.

Zugvögel sammeln sich in Scharen,
sie woll´n der kalten Zeit entflieh´n,
so wie in vergang´nen Jahren,
werden sie - Richtung Süden zieh´n.

Und weil im Spätherbst Nordwind weht,
das letzte Blatt vom Baume fällt,
weiß auch der Mensch wie´s um ihn steht,
weil bald der Winter - Einzug hält.

Meine Weihnachtswünsche

Zum Weihnachtsfest, das nun bald ist,
wünsch ich den Menschen hier als Christ,
Geduld, Verständnis, Toleranz,
und gegenseitig - Akzeptanz.

Und außerdem, falls nicht zu spät,
dass man global, sich gut versteht,
und über Dinge lachen kann,
von denen man sonst angetan.

Respekt und Rücksicht wünsch ich mir,
sowohl vor Mensch, als auch vor Tier,
es ist doch nicht zu viel verlangt,
dass man klar denkt und sich nicht zankt.

Und werden meine Wünsche wahr,
wird vielen Menschen sicher klar:
„Auf allen Wegen, die man geht,
hat stets Liebe - Priorität.“

Wahres Glück

Viele Menschen suchten schon das Glück,
doch die Meisten haben sich verrannt,
manche wurden regelrecht verrückt,
nur wenige haben es erkannt.

Denn das wahre Glück ist nicht das Geld,
und mit Sicherheit auch nicht die Macht,
Glück ist nichts, das vom Himmel fällt,
es ist auch nicht die Wohlstandspracht.

Glück ist - viele Herzen berühren,
und - lachen bis die Tränen kommen,
Glück ist auch - den Erfolg verspüren,
und - jeglichem Stress zu entkommen.

Wer diese Merkmale beachtet,
der kann beruhigt durchs Leben gehen,
das wahre Glück hat er gepachtet,
und es sagt nie – AUF WIEDERSEHEN.

Wir lebten bescheiden

Bescheiden waren wir, doch zufrieden,
haben meistens am Minimum gelebt,
wir dankten für das was uns beschieden,
und haben oftmals vor Hunger gebebt.

Aufmüpfig zu sein, hat keiner gewagt,
wir wussten doch, dass niemand was hatte,
ganz still im Kämmerlein wurde geklagt,
öffentlich gab es keine Debatte.

Diskussion über Armut war tabu,
es war klar, sie würde gar nichts bringen,
Mutter und Vater verlangten nach Ruh,
waren beschäftigt mit andren Dingen.

Wir lebten noch lange Zeit bescheiden,
doch Monat für Monat ging es bergauf,
vorbei war der Krieg, vorbei das Leiden,
das normale Leben nahm seinen Lauf.

Ungern denk ich zurück an die Jahre,
doch manchmal hab ich sie wieder im Sinn,
dann raufe ich mir kräftig die Haare,
denk, Gott sei Dank - die Zeit ist längst dahin.

Traum, komm zurück

Alt, morsch und verlassen, so steht er da,
der Apfelbaum aus meiner Kinderzeit,
zu träumen unter ihm, war wunderbar,
ich spürte Wohlsein und Geborgenheit.

Wenn der Mond am nächtlichen Himmel steht,
erwärmt sich bei mir Körper und Seele,
und morgens, wenn der Traum zu Ende geht,
verkrampft sich mein Leib bis hoch zur Kehle.

Erinnerungen hast du mir erlaubt,
vom dem Apfelbaum bei mir im Garten -
Traum, komm zurück, damit hier nichts verstaubt,
voller Sehnsucht will ich dich erwarten.

So manches geht mir dabei durch den Sinn,
ganz gewiss hätt ich noch tausend Fragen,
mein holder Traum, führ mich noch einmal hin,
zum Apfelbaum - zu meinen Kindertagen.

Nürnberger Bratwurst

Nürnberger Bratwurst ist lecker,
sie schmeckt zu jeder Tageszeit,
die Produzenten werden Kecker,
vertreiben sie jetzt landesweit.

Wer diese Wurst verzehren will,
muss sie richtig knackig braten,
am besten auf dem Kohlegrill,
weil sie perfekt darauf geraten.

Mit Ketchup mundet sie dann sehr,
doch auch Senf ist zu empfehlen,
der Teller ist dann ruckzuck leer,
und Genuss nicht zu verhehlen.

Die Bratwurst ist ein Elixier,
und auf jeden Fall von Nutzen,
selbst eins, zwei, drei aber auch vier,
lassen sich im Nu - verputzen.

Die Jahre geh´n

Mit 10 geht fast nichts daneben,
es beginnt das schöne Leben,
mit 20 steht man voll im Saft,
und protzt mit seiner Lebenskraft,
mit 30 reist man um die Welt,
gibt aus, das hart verdiente Geld,
sind dann die 40 erst erreicht,
nimmt man nicht alles mehr so leicht,
und mit 50 unumstritten,
muss man auch mal um Hilfe bitten,
mit 60 sind es Kleinigkeiten,
die oftmals großen Stress bereiten,
hat man die 70 dann erreicht,
spürt man wie die Tatkraft weicht,
und mit 80 nimmt man vieles hin,
denn Widerstand hat keinen Sinn,
doch sind die 90 erst geschafft,
geht sie dahin die Lebenskraft,
jedes weitere Jahr bleibt offen,
man kann nur noch hoffen, hoffen, hoffen.

Des Lebens Lauf

Mensch, unterlasse nie das Träumen,
geb auch niemals deine Hoffnung auf,
denk nicht, du kannst etwas versäumen,
und sag nicht, das war des Lebens Lauf.

Glaube ganz fest an deine Träume,
strebe nach Freiheit, Liebe und Glück,
denn diese drei Dinge alleine,
treiben dich vorwärts und nicht zurück.

Mag dir auch oftmals endlos scheinen,
ein total verkorkster, dunkler Tag,
dann schäme dich nicht laut zu weinen,
nur weil dein Herz zu sprechen vermag.

Deine Traurigkeit wird schnell vergeh´n,
glaube daran und hoffe darauf,
denn am nächsten Tag wirst du schon seh´n,
es geht auch für dich die Sonne auf.

Hör nie und nimmer auf zu träumen,
und geb keinen Tag die Hoffnung auf,
das Glück wird dir den Weg freiräumen,
für einen - wunderbaren Lebenslauf.

Kopf nach oben

Jahr ein, Jahr aus, da gibt es Sachen,
die uns das Leben bitter machen,
Kopf nach oben, heißt die Devise,
ob Gutes kommt, oder das Miese.

Man ändert´s nicht, so ist das Leben,
mal klappt es, mal geht es daneben.

Immer geht im Lauf der Zeit was schief,
deshalb sinkt man nicht gleich in ein Tief,
kurz sich hängen lassen ist erlaubt,
wenn man trotzdem an das Gute glaubt.

Heut ist man zu zweit, morgen allein,
was so golden glänzt, ist oft nur Schein.

Böses, Schlechtes lässt man nicht ins Herz,
man vertreibt Groll und seelischen Schmerz,
erleichtert geht das Leben weiter.
man muss nur erklimmen, die Leiter.

Von oben erscheint nichts mehr so arg,
es wird alles schöner - Tag für Tag.

Ein gewisses Lied

Wenn ein gewisses Lied erklingt,
aus meiner einst´gen Jugendzeit,
und mir Erinnerungen bringt,
aus Tagen der Vergangenheit.

Dann verspür ich heiße Liebe,
mitten drin in meinem Herzen,
und auch ein paar starke Hiebe,
von erlebten Seelenschmerzen.

Ein Vöglein nah bei mir wie nie,
hat mit sein Trillern mich geweckt,
es hat die Liebesmelodie,
gewiss in meinem Herz entdeckt.

Von diesen Zeiten träum ich gern,
doch das Erwachen trübt mein Herz,
denn dies gewisse Lied - im Kern,
bereitet mir noch heute – Schmerz.

In meinem Bett

In meinem Bett der erste Sonnenstrahl,
ich bin noch müd und völlig schlaftrunken,
in der Daunendecke erster Wahl,
bin ich noch bis zum Hals versunken.

Leichtes Atmen spüre ich am Ohr,
eine zarte Hand auf meiner Brust,
unten schaut ein nacktes Bein hervor,
plötzlich wird es klar und mir bewusst,

allein liege ich im Bett hier nicht,
deshalb frag ich mich, wer kann das sein,
ich trank doch gestern Nacht bei Kerzenlicht,
ganz sicher nur ein Gläschen roten Wein.

Ich spüre ihren zart weichen Mund
sehe ihr wunderschönes Gesicht,
erblicke den Busen, prall und rund,
dreh mich um ganz fix, wecke sie nicht.

Jetzt brodeln in mir die Gedanken,
wer hat sich des nachts hier einquartiert,
dann fallen ab von von mir die Schranken,
solch Traum – ist wohl manchem schon passiert.

Weihnachtswünsche

Zu Weihnachten wünsch ich mir Gaben,
die heute nicht mehr viele haben,
Zeit, Geduld, Verständnis, Toleranz,
und bei den Regierenden, mehr Glanz.

Und dazu, falls es noch möglich ist,
dass man Bedürftige nicht vergisst,
und das man die Alten anerkennt,
die nötige Hilfe nicht verpennt.

Ich wünsche mir vor allen Dingen,
Gutes - soll alle Zeit gelingen,
das Böse soll für immer gehen,
und niemals wieder – auferstehen.

Weihnachtlich bunt

Der Christbaum reicht bis zur Decke,
an der Wand Tannengestecke,
vorm Eingang steht ein Weihnachtsmann,
so, dass ihn jeder sehen kann,
und die Lichterkette im Flur,
brennt jeden Tag, rund um die Uhr.

Weihnachtlich bunt sind die Straßen,
es wird eingekauft, in Massen,
doch bis zum festlichen Essen,
sollte man die nicht vergessen,
die allein sind und nichts haben,
verzichten müssen, auf Gaben.

Sich auf die Menschen besinnen,
die das Fest hungrig beginnen,
sie teilhaben lassen am Leben,
ihnen viel öfter was geben. -
Oder muss es hier auf Erden,
dafür erst Weihnachten werden ?

Beim “ersten Mal“

Der Herbert war noch sehr jung an Jahren,
und beim “ersten Mal“ – sehr unerfahren,
trotzdem ist er in sie eingedrungen,
doch irgendwie, ist es nicht gelungen.

Denn Unangenehmes ist geschehen,
(so unerfahren konnt`s auch nicht gehen)
diese Wohnung, sie brachte ihm kein Glück,
um seine Hände machte es – klick, klick.

Was bin ich

Ich jongliere gern mit vielen Wörtern,
und bringe einige dann auf Papier,
bin auch gern bereit es zu erörtern,
das es Lyrik ist und kein Geschmier.

Verse les´ich von andern Poeten,
und vertiefe mich in ihren Reimen,
innerlich vergleiche ich betreten,
den gesamten Schreibstil mit dem Meinen.

Dann lach ich drüber, komm auch in Rage,
verfluche jede Zeile die dort steht,
zu guter Letzt stell ich mir die Frage,
was bin ich - ein Niemand - oder ein Poet.

Zwei Seiten

Ich freu mich auf das Tageslicht,
das mich am Morgen lautlos weckt,
des Wecker`s klingeln mag ich nicht,
weil es mich fürchterlich erschreckt.

Erwache ich bei Sonnenschein,
dann bin ich blitzschnell munter,
spring aus dem Bett mit beide Bein,
flitz galant die Treppe runter.

Genieß ich dann mein Frühstücksei,
legt schnell das helle Sonnenlicht,
den Staub auf meinen Schränken frei,
und ändert abrupt mein Gesicht.

Ich schäme mich, sag, man-o-man,
ein jeder lernt es schon beizeiten,
doch keiner denkt tagtäglich dran,
das auch das Schönste hat – zwei Seiten.

Gemeinsam

Auf dem Erdball kann man sehen,
wie große Länder pleitegehen,
wie man ganze Völker ruiniert,
sie als wirtschaftsfeindlich abserviert.

Stets mehr woll´n die Regenten haben,
mehr Steuern und mehr Stuss-Abgaben,
solche, von Gier zerfress´nen Hirne,
zerstören wie ´ne Abrissbirne.

Sie vernichten erschaffne Werte,
zerstören diese schöne Erde,
machen sich die eignen Taschen voll,
finden ihre eigne Raffsucht toll.

Wenn wir nicht gemeinsam aufstehen,
und schnellstens auf die Straßen gehen,
um einen Strich drunter zu machen,
wird dieser Geldgott weiter lachen,

Das ganze Volk zahlt dann die Zechen,
und muss auch weiterhin so blechen,
ein Aufstand bleibt bald unumgänglich,
die Wut des Volkes ist verständlich.

Denn der, der den Zorn ganz offen zeigt,
demonstrieren geht und auch mal streikt,
nur der kann dieses Blatt auch wenden,
es liegt allein in seinen Händen.

So werden die Regenten sehen,
wie Menschen zueinander stehen,
die geknebelt werden Tag für Tag,
um sich zu befrei´n - von dieser Plag.

Meine Ideale

Einst flog ich frei wie ein Albatros,
im Heißluftballon namens "Leben",
übermütig und voller Genuss,
wollt' ich in Richtung Sonne streben.

Weite Strecken ging es steil hinauf,
ein Flug von dem wohl viele träumen,
´ne Flasche Champagner trank ich drauf,
wollte den Platz so schnell nicht räumen.

Doch scharfe Winde wehten mich fort,
ließen meine Vorsätze leiden,
viele schmiss ich abrupt über Bord,
um einen Absturz zu vermeiden.

Im Sinkflug ist dann der Rest verpufft,
ich schlug hart auf in einem Tale,
sie waren wohl doch nur heiße Luft
und Träume - meine Ideale.

Im Gruselschloss

Geistertreff im Gruselschloss,
so will es der Geisterboss,
denn genau um Mitternacht,
wird gespukt und laut gelacht.

Kleiderordnung die muss sein,
weiße Laken dürfen rein,
hundert Geister sind schon da,
kreischen lauthals uuh und aah.

Plötzlich wird´s im Raum ganz still,
weil der Boss was sagen will,
leider kommt es nicht so weit,
weil sie vorwärts rennt, die Zeit.

Schränke werden noch verrückt,
Türen krachend zugedrückt,
bis der Schlossherr „Ruhe“ schreit,
und sich so vom Spuk befreit.

Geisterstunde ist vorbei,
aus ist´s mit der Polterei,
morgen dann um Mitternacht,
wird der Trubel neu entfacht.

Dschungelcamp

Jedes Jahr ganz aktuell,
Dschungelcamp bei RTL,
Stars die längst nicht mehr so Top,
rennen hin zu Doktor Bob.

Hoden essen ist der Schrei,
Maden legt er auch dabei,
Käfer hart wie Mandelkern,
gibt er Promis liebend gern,
zum Nachtisch streut er Kräuter,
auf ein gegrilltes Euter.

Stars mögen es wohl gerne,
denn dafür gibt es Sterne,
jeder will der Beste sein,
beißt in jeden Scheißdreck rein.

Hernach zeigt man Manieren,
man muss sich profilieren,
doch vieles geht daneben,
im Camp, in dem sie leben,
es wird geschimpft und geweint,
der gute Freund, wird zum Feind.

Aus dem Leben wird erzählt,
und wie oft man sich gequält,
doch hier will man gewinnen,
sich aufs Comeback besinnen.

König sein im Dschungelcamp,
Krone tragen ungehemmt,
ein Star für Zuschauer sein,
Weltstar werden insgeheim,
das Abstellgleis verlassen,
nichts Schönes mehr verpassen.

Doch jeder Camp-Realist,
denkt nur: „Ich mach mit den Mist,
ob gern - oder in Rage,
RTL zahlt doch Gage,
also, Geld her und schnell weg,
Gott sei Dank - vorbei der Dreck !“

Hühner und Zwerghühner

Wie man es schon mehrfach gesehen hat,
im Land Brandenburg auf einem Hügel,
da finden große Parteitage statt,
von dem “Eierlegvolk“, dem Geflügel.

Stets machen die Großen den größeren Mist,
und machen sich breit, immer ganz oben,
Pech, wenn du nur ein ganz kleines Huhn bist,
dann musst du ständig die Großen loben.

Die großen Hühner schlagen deshalb vor,
ab sofort größ´re Eier zu legen,
sinnbildlich, wie im Gefangenenchor,
hebt nur der den Flügel, der dagegen.

Für´s Überlegen hat fast keiner Zeit,
genau das ist, der Wille der Großen,
so entsteht im Nu die Einstimmigkeit,
die größeren Eier, sind beschlossen.

Doch ein Zwerghuhn, das nun wirklich nicht groß,
hat mutig seine Stimme erhoben:
„Für uns gilt immer das Jasager- Los,
wenn ihr Gesetze bestimmt dort oben.“

„Wir, die Kleinen, suchen gar keinen Streit,
darum hätten wir auch nichts dagegen,
bei gleich großen Eiern, pro Quartalszeit,
auch noch zusätzlich Eier zu legen.“

„Größere Eier sind für uns zu groß,
wir dachten, wir machen´s miteinander,
doch ihr Großen, ihr beschließt immer bloß,
und uns reißt ihr - den Arsch auseinander !“

Nicht mehr rauchen

Herbert Klein, Rentner in Schwerin,
hat heut beim Doktor ´nen Termin,
ist davon aber nicht beglückt,
weil seine Frau ihn hingeschickt.

Herr Doktor Mayer, Psychiater,
Absolvent der Alma Mater,
bezeichnet sich auch als Genie,
und als Ass in Astrologie.

Er weiß sofort als Seelenarzt,
das Herbert Klein tagtäglich quarzt,
Frau Klein gab deshalb schon vorweg,
dem Doktor Geld, für´n guten Zweck.

Denn dieser Arzt macht auch gottlob,
gewissenhaft ein Horoskop,
und sieht dabei den alten Mann,
besorgt mit ernster Miene an.

„Herr Klein, Sie sollten statt qualmen,
Urlaub machen, unter Palmen,
ich kann genau bei Ihnen seh´n,
wie zu dem Qualm die Sterne steh´n !“

„Sie müssen sich ´nen Ruck geben,
denn rauchen verkürzt das Leben,
das ist ein ehernes Gesetz,
wie alt, Herr Klein, sind Sie denn jetzt ?“

„Zweiundneunzig Jahr bin ich schon !“
„Da seh´n Sie es, das kommt davon -
ganz ohne Raucherei, Herr Klein,
könnten Sie heut noch - achtzig sein !“

Lebensweg

Nachts wecken mich seit ein´ger Zeit,
Gedanken der Vergangenheit,
die dann lange nicht verblassen,
und mir keine Ruhe lassen.

Bilder aus vergang´nen Tagen,
die mich immer wieder plagen,
sind lästig und auch ärgerlich,
trotzdem zerstör´n sie nicht mein Ich.

Ich wollte stets der Beste sein,
für jeden, ob groß oder klein,
es sprudelte die Geldquelle,
und ich stand an erster Stelle.

Doch all die Freunde von damals,
rannen dahin wie heißes Schmalz,
als meine Geldquelle leer war,
war keiner von ihnen mehr da.

Dies plagt heut meine Gedanken,
und weist mir häufig die Schranken,
genau seh´ ich mir Menschen an,
die ich dann Freunde nennen kann.

Ich hüte mich so gut es geht,
erkenn wer mir zur Seite steht,
stets wachsam sein ist mein Beleg,
für einen ruhigen – Lebensweg.

Raumfahrtgespräch

Ein Russe, ein Ami, ein Friese, die streiten,
wer sind wohl die Größten in unseren Zeiten.
Der Russe sagt: „Wir waren die Ersten im All,
Juri Gagarin umkreiste den Erdenball !“

Der Ami meint: „Wir waren bereits auf dem Mond,
als Erste, mit Menschen, der Flug hat sich gelohnt,
die ganze Welt sah es am Fernsehapparat,
wie Neil Armstrong stolz den Erdtrabanten betrat.

Der Friese protzt: „Wir fliegen zur Sonne mit Fleiß,
und ihr sagt jetzt „das geht nicht, dort ist es zu heiß“,
doch wir haben das alles ganz gründlich durchdacht,
wir fliegen nicht mittags, nein - wir fliegen bei Nacht !"

Den Namen ändern

Laut ruft ein junger Mann: „Verdammt,
ich muss meinen Namen ändern.“
Er geht tags drauf zum Standesamt,
wie's Pflicht ist, in deutschen Ländern.

Ein Beamter namens Witte,
sagt gut gelaunt: „Also Erstens -
wie ist denn ihr Name, bitte ?"
„Ich heiße Kurt-Ferdinand Brenz."

„So, so“, meint der Beamte dann,
und kann es sich nicht verbeißen,
"was ist denn da Verkehrtes dran,
sie könnten ja auch - Schwanz - heißen.“

„Ihr Nachname ist doch kein Hohn,
was stört sie denn daran so sehr ?"
„Ich sag - hier Brenz - am Telefon,
und ständig kommt die Feuerwehr !"

Ohne Gewähr

Friedhelm ist äußerst stark in Mathe,
in der er schon eine Eins hatte,
doch weil er´s nicht mit Rechtschreibung hat,
geht er zum Opa und holt sich Rat.

„Was schreibt man denn bei - ohne “Gewähr“
hinter´m “w“ - ein “e“ oder ein “ä“ ?“
Opa grübelt, sagt dann zum Kinde:
"Schreib statt Gewehr doch einfach Flinte !“

„Ich als Förster weiß es ganz genau,
Pflanze schreibt man doch auch vorn mit “V“ !“

Lieber Gott, ich flehe dich an

Max belauscht heimlich die Mama,
sie sitzt flehend vor ihrem Bett,
hebt die Hände, welch ein Drama,
so, als ob sie 'ne Krankheit hätt´.

Plötzlich ruft sie: „Ich brauch ´nen Mann,
lieber Gott, ich flehe dich an !“
Nach drei Tagen, wer hätt´s gedacht,
kommt ein Mann und bleibt über Nacht.

Tags drauf sieht die liebe Mama,
den Sohnemann kniend am Bett,
er ringt die Hände, welch Drama,
betet herzzerreißend und nett:

„Lieber Gott, ich brauch keinen Bruder,
auch keine Schwester, mein Guter,
sei lieb, bring nichts aus dem Ruder -
ich brauch dringend - 'nen Computer !"

Frau fährt mit

Muss dieser Blitzstart wirklich sein,
das nächste Mal fährst Du allein,
pass auf, die Ampel springt auf Rot,
so fährst Du uns noch beide tot.

He, ras' nicht so - runter vom Gas,
ich mach mir gleich die Hose nass,
fahr langsam, alter Geselle,
sonst steig ich aus, auf der Stelle.

Achtung Abbiegung - schau zurück,
kennst Du denn nicht den Schulterblick,
auch Dein Spiegel hat Funktion,
Du bringst mich noch zur Explosion.

Kannst Du auch an mich mal denken,
und mit beiden Händen lenken,
ich schwitz, hab Angst, ganz fürchterlich,
doch merk Dir eins - zurück fahr ich !

Täglich frisch

Einst beschloß ein dickes Hühnerei:
„Ich will mal richtig was erleben,
bin ich aus dem Käfig erst mal frei,
werd ich mich gleich auf Tour begeben."

Ich roll auf Stahldraht, ungelogen,
in eine mächtige Halle rein,
werde durchleuchtet und gewogen,
komm in einen Pappkarton hinein.

Schaukel dann mit zigtausend Eiern,
über Grenzen in das deutsche Land,
im Laster fahr ich bis nach Bayern,
komme zu dem Landwirt Josef Brand.

Sieben Tage war ich unterwegs,
lieg am Marktstand auf des Landwirts Tisch.
„Von wann sind die Eier ?" - fragt Frau Peetz.
„Die Eier sind bei uns - täglich frisch !"

Schüttelreime

Es könnte meinem Beine schaden,
drum werd ich nur zum Scheine baden.

Er sieht ihr nach im Heine-Bad,
und staunt - was sie für Beine hat.

Wunderschön ist nach dem heißen Bad,
wenn man gleich etwas zu beißen hat.

Du solltest diesem Raser weichen,
er kann dir nicht das Wasser reichen.

Lass dir Blech um die Beine schweißen,
dann können dich nicht Schweine beißen.

Am Meer bauten sie den Pier-Garten,
bevor sie sich voller Gier paarten.

Längst verwelkt ist ihre müde Pracht,
jetzt weiß man, was sie so prüde macht.

Wer kann mit frohem Herzen schmausen,
wenn tief im Kiefer Schmerzen hausen.

Auf dem Wandbild, dieser nette Bach,
beim Anschauen, gab das Bette nach.

Matrosen ihre Mutter küssen,
bevor sie auf den Kutter müssen.

Bügelfrei

Herr Meier kommt zum Shop gelaufen,
ein bügelfreies Hemd zu kaufen,
er freut sich wie ein kleines Kind,
weil diese heut´ so preiswert sind.

Die Größe passt, da hat er Glück,
nimmt von der Sorte gleich drei Stück,
und fragt die Chefin Anna Schley:
„Ist jedes Hemd auch bügelfrei ?"

„Herr Meier, wenn ich´s doch sage,
da erübrigt sich die Frage,
die Ware kam heut´ aus Emden,
ich hab bei all diesen Hemden,
gleich, als sie hier angekommen,
jeden Bügel selbst - entnommen !"

Badehose selbst genäht

In einem Kaufhaus schaut ein Mann,
sich Stoff mit Tiger-Muster an,
entdeckt drei Meter Restposten,
die zum Glück sehr wenig kosten.

Und weil er selbst auch schneidern kann,
fängt er daheim das Nähen an,
´ne Badehose muss jetzt her,
einen Meter Stoff braucht er.

Im Freibad zieht er sie gleich an,
damit sie jeder sehen kann,
von einem Turm springt er ganz keck,
im Wasser ist die Hose weg.

Er merkt es nicht, ach ist das dumm,
jetzt läuft er nackt im Bad herum,
eine Frau, sie guckt verwundert,
jetzt ist er richtig aufgemuntert.

Ganz stolz geht er zum Beckenrand,
stellt sich in Pose, spricht galant:
„Toll, nicht wahr, da staunt ein jeder,
zu Hause hab ich - noch zwei Meter !"

Drei Söhne

Lang verheiratet, drei Söhne,
die zogen nacheinander aus,
eines Tages kommt das Schöne -
Goldne Hochzeit - im Elternhaus.

Man hat sich Jahre nicht geseh´n,
trifft sich bei den Eltern wieder,
so vieles ist seither gescheh´n,
ausgelassen singt man Lieder.

Viele Onkel und auch Tanten,
angereist aus Süd und Norden,
fragen ihre Anverwandten:
„Was ist denn aus euch geworden ?"

Der Erste spricht: „Ich bin Rektor,
wer in Oxford war, der kennt's,
ich hör´s tagtäglich noch im Ohr,
- Hi Euere Magnifizenz - !“

Der Zweite meint: „Beim Papst bin ich,
halt´ wöchentlich dort Audienz,
doch Kardinal, das sagt man nicht,
man spricht mich an mit - Eminenz !“

Der Dritte sagt: „Ich bin Dichter,
les meine Gedichte ganz flott,
gehen an, im Saal die Lichter,
dann ruft man schon – oh Gott, oh Gott !“

Hör zu, lieber Gott

Herr Schulz hat einen dringenden Termin,
es geht um Geld und die Zukunft für ihn,
er darf auf keinen Fall zu späht kommen,
deshalb hat er sein Auto genommen,
doch wo er auch hinschaut in den Straßen,
nirgends ein Parkplatz - er kann´s nicht fassen.

Verzweifelt und in beklemmender Not,
ruft er zum Himmel: „Hör zu, lieber Gott -
ich versprech´s, ich leb ganz ohne Sünden,
wenn du mir hilfst, ´nen Parkplatz zu finden,
ich werde künftig auch nicht mehr fluchen,
und stets Sonntags, die Kirche besuchen."

Doch dann traut der Mann seinen Augen kaum,
was er da sieht, ist schon fast wie ein Traum,
ganz in der Nähe ist einer dabei,
kräftig zu blinken, die Lücke wird frei,
Schulz parkt ein und spricht gen Himmel den Satz:
„Müh dich nicht weiter, ich hab einen Platz !"

Nur acht Zentimeter

Vor seiner Frau hebt Max den Arm, ballt eine Faust,
strafft seinen Bizeps und sagt: „Gell Liebling, da schaust,
kein Fett, nur Muskulatur, ich bin stark und fit,
kurz gesagt - ich bin eine Ladung Dynamit !"

Die Frau schaut diesen wohlgeformten Körper an,
dann antwortet sie kess, ihrem protzigen Mann:
„Stimmt, du bist ´ne Ladung Dynamit, mein Peter,
doch deine Zündschnur – ist nur acht Zentimeter !"

Nächtlicher Arztbesuch

Nachts um Drei wird ein Arzt um Hilfe gerufen,
fünf Etagen steigt er hoch, a sechzehn Stufen,
den Patienten hat er gründlich untersucht,
doch innerlich ganz arg und fürchterlich geflucht.

„Sie haben Ihr Testament sicher schon gemacht,
wenn nicht, dann machen Sie´s bitte noch heute Nacht,
rufen Sie auch sofort an, alle Verwandten,
die Kinder, Eltern, Neffen, Onkel und Tanten.“

„Nein, Herr Doktor, ich hab kein Testament gemacht,
an so etwas hab ich überhaupt nicht gedacht,
doch anscheinend geht bei mir alles daneben,
Herr Doktor, wie lang habe ich noch zu leben ?“

„Kerngesund sind sie, haben nicht ein Zipperlein,
aber ich, ich möcht´ hier nicht der Einzige sein,
den Sie zur Schlafenszeit so übel verkohlen,
und es wagen, Menschen aus dem Bett zu holen !“

Kalte Füße

Doktor Weber, bestens bekannt,
hat seine Praxis auf dem Land,
heute besucht ihn Landwirt Hehn,
er hat den Arzt lang nicht geseh´n.

„Tag Herr Hehn, wie geht es Ihnen,
womit kann ich heute dienen ?“
„Es geht so, ich werd´ langsam alt,
ständig sind meine Füße kalt !“

Der Doc, auch ein älterer Mann,
sieht den Patienten leidvoll an:
„Ich bin ein Mensch, der Sie versteht,
weil es mir ganz genau so geht,
niedriger Blutdruck macht uns krank,
doch es gibt Mittel, Gott sei dank !“

„Meine Ehefrau, die Marlies,
sie ist noch jung und super süß,
da steck ich abends meine Füß`
(pssst - dass ich sie nicht erschrecke)
gern mal unter ihre Decke,
für meine Füße ist´s ein Schmaus,
(und meistens wird auch mehr daraus !“)

„Herr Doktor, das finde ich toll,
Ihre Idee ist wundervoll,
als Patient bin ich hocherfreut !,
wann hat Ihre Frau - denn mal Zeit ?“

Nur per Telegramm

Der Ostfriese Heinrich Langer,
muss auf Montage nach Kufstein,
seine Frau Gertrud ist schwanger,
sie bleibt mit der Oma daheim.

Im Juli ist die Entbindung,
die Kollegen werden schnaufen,
und sofort nach der Verkündung,
sich dann vollständig besaufen.

Das wird dem Heinrich viel kosten,
deshalb sagt er im schroffen Ton:
„Gertrud, nichts sagen, nichts posten,
dann erfährt auch keiner davon !"

Drum planen die beiden zusamm',
die Geburt schnell mitzuteilen,
still, und auch nur per Telegramm,
kurz, mit äußerst wenig Zeilen.

Statt Kind, wird "Pfirsich" geschrieben,
so wird niemand was erfahren,
und die Kollegen, die sieben,
sehen das Kind erst nach Jahren.

Im Juli schuftet Heinrich viel,
und ruht sich aus, im Gasthof "Lamm",
er ist gerad´ beim Kartenspiel,
da kommt es schon, das Telegramm.

Es wird ihm kalt, dann mächtig heiß,
der Heinrich ist ganz außer sich,
von seiner Stirne rinnt der Schweiß,
er liest – PFIRSICH, PFIRSICH, PFIRSICH.

Darunter steht dann noch der Satz,
und Heinrich pfeift wie ein Ventil,
„Drei Pfirsiche, mein lieber Schatz,
zwei ohne, und einer - mit Stiel !“

Der Schichtarbeiter

Der treue Ehemann Heinz, trinkt den achten Korn,
sein Kumpel am Tresen fragt: „Weshalb solch ein Zorn ?“
„Hör zu, gestern Nacht, komm ich wie üblich nach Haus,
läute, die Tür geht auf, jedoch das Licht bleibt aus,
ich denk meine Frau Hilde, ertaste die Brust,
es war meine Frau - sie stöhnte lauthals vor Lust,
ich blieb ganz still, sagte kein Wort, hörte nur zu,
doch was ich hörte, brachte mich voll aus der Ruh !“ --
„Nicht jetzt, lieber Tom – und zieh kein dummes Gesicht,
komme Morgen - mein Mann kommt gleich von der
Spätschicht !“

Namen ändern

Drei Chinesen hatten es wochenlang geplant,
ganz heimlich einzureisen, in das Yankee-Land,
doch bevor sie nachts über die Grenze gingen,
sollten ihre Namen sympathischer klingen.

Nur ein „ck“ hinten an den Namen hängen,
das passt zu den amerikanischen Klängen,
der Erste hieß Chu - er nannte sich deshalb Chuck,
aus dem Zweiten namens Bu – wurde dann der Buck.

Dies “ck“ passte dem Dritten ganz und gar nicht,
er sagte, mit Schweißperlen im ganzen Gesicht:
„Mein Name Fu - bringt in Amerika kein Glück,
ich gehe deshalb lieber - nach China zurück !“

Fragen an Gott

Franz läuft in die Kirche, ganz flott,
um Fragen zu stellen, an Gott:
„Wie, lieber Gott, hast du´s vollbracht,
und die Frauen so schön gemacht ?“

Gott spricht ruhig und mit Bedacht:
„Hab Frauen für Männer gemacht,
sie sind das Schönste auf der Welt,
ich weiß, was euch Männern gefällt !“

„Lieber Gott, noch eine Frage,
an der ich lange schon nage,
drum nimm meine Worte nicht krumm,
sag - warum sind Frauen so dumm ?“

Gott schmunzelt und sagt verstohlen:
„Den Frauen hab ich empfohlen,
stellt euch dumm, seid nicht durchtrieben,
dann werden Männer - euch lieben !“

Erstaunter Papagei

So fängt er an, der Tageslauf,
für die hübsche Anne Neukauf -
Decke weg vom Vogelkäfig,
Papagei, er ist noch schläfrig.

Frischer Kaffee ist jetzt wichtig,
und ein Käsebrot, dreischichtig,
duschen, kämmen, Zähne putzen,
Morgenstunde will sie nutzen.

Ihr ist klar, was es bedeutet,
wenn um sechs der Gasmann läutet -
der Käfig wird schnell zugedeckt,
das Frühstücksbrett im Schrank versteckt.

Zirka eine Stunde später,
geht der liebe Gasmann Peter,
Decke weg vom Vogelkäfig,
Anne Neukauf stöhnt noch heftig.

„Was für ne´ riesen Sauerei“,
denkt sich der müde Papagei,
„ich bin doch grad´ frisch aufgewacht,
verdammt – war das ne´ kurze Nacht !“

Verkehrskontrolle

Skatfreunde treffen sich, neun an der Zahl,
wie jeden Donnerstag, im Stammlokal,
um ein Uhr nachts ist das letzte Spiel aus,
ein jeder macht sich auf den Weg nach Haus.

Erich denkt, elf Glas Bier, das ist doch nischt,
doch dann, Kontrolle, und er wird erwischt,
am Lenkrad betrunken, höllisch rasen,
der Bulle fordert: „Ins Röhrchen blasen !“

„Unmöglich“, nuschelt Erich vor sich hin,
„weil ich schon lang Asthmatiker bin."
„Dann ab zum Bluttest, mein Herr, mein Guter !“
„Das geht auch nicht, ich bin nämlich Bluter !“

„Es tut mir leid, so jung und schon so krank,
laufen Sie hier mal die Linie entlang !“
„Jetzt haben Sie das Schlimmste getroffen,
ich kann´s nicht – bin doch viel zu besoffen !“

Sie schimpft

Sie schimpft: „Das, was ich an dir nicht mag, -
dein Gedichte schreiben, Tag für Tag,
und so sehr ich auch darauf poche,
du küsst mich nur einmal die Woche,
im Bett, alle acht Wochen, wipp, wapp,
kein Wunder, dass ich keinen Sohn hab,
immer seltener kommst du noch her, -
so wird´s auch nichts mit einer - Tochter !"

Vergiss den Zorn

Die Mutter wütet laut im Flur,
mit ihrem Sohnemann Artur:
„Oh Gott, Du siehst ja furchtbar aus,
warum kommst Du erst jetzt nach Haus ?“

„Mutti, es ist gar nicht so schlimm,
ich hatte nur Streit mit dem Tim,
sein Fahrrad wollte ich fahren,
er hielt mich fest, an den Haaren !“

„Wie oft muss ich´s Dir noch sagen,
Du sollst Dich nicht ständig schlagen,
verloren hast Du einen Zahn,
untern vorn, schau Dich nur mal an !"

„Ach Mutti, vergiss Deinen Zorn,
den Zahn habe ich nicht verlor'n,
schau, wie ich Dich überrasche,
den Zahn hab ich – in der Tasche !"

Zwei Kühe

Ein Kleinbauer hat zwei junge Kühe,
die er hegt und pflegt mit aller Mühe,
seinem Nachbarn verrät er beim Weiden:
„Ich kann diese Zwei nicht unterscheiden!“

Die Antwort lässt nicht lang auf sich warten,
der Nachbar meint: „Ich kann Dir nur raten,
wenn die Kühe still stehen und fressen,
musst Du einfach ihre Länge messen !“

Abends befolgt der Kleinbauer den Rat,
und schreitet mit einem Maßband zur Tat,
den Nachbarn trifft er am nächsten Tage,
der stellt neugierig sofort die Frage:

„Weißt Du jetzt wie lang Deine Kühe sind ?“
„Na klar, das Vermessen ging echt geschwind,
zwölf Zentimeter sind es nur, ich staune,
die, die Weiße länger ist - als die Braune !“

In Ostfriesland

In Ostfriesland spricht er ihn an,
einen nicht mehr ganz jungen Mann:
„He, ich hab eine Agentur,
ein wenig Schulung brauchst Du nur,

komm mit mir ins Commedyhaus,
dort bringe ich Dich ganz groß raus,
ich seh´s Dir an, Du bist in Form,
und Deine Stimme ist enorm !“

Otto stellt sich frech vor ihn hin:
„Weißt nicht, dass ich Waalkes bin ?“
„Das macht doch nichts, mein lieber Sohn,
´nen Künstlernamen find ich schon !“

Spargel

Der Spargel wächst in Varianten,
weiß, grün, kurz, dick, aber auch schlank,
doch speziell, bei den hier Genannten,
sind viele Stangen auch sehr lang.

Spargel verkauft man meistens lose,
bietet ihn fast nur nach Stärken an.
Man(n) steckt ihn auch nicht in die Hose,
weil er ihn dort, leicht verwechseln kann.

Bei Spargel sollte man zulangen,
aber auch keineswegs vergessen,
die schönen, zarten Spargelstangen,
gibt's meist nur - im Frühjahr zu essen.

Die "LANGE ANNA"

Als das Wahrzeichen von Helgoland,
ist die "LANGE ANNA" weltbekannt,
wie ein Wachsoldat steht sie im Meer,
trotzt dem Wetter und dem Wellenheer.

Ganzjährig ist sie ein Elixier,
bietet Vögeln sicheres Quartier,
meist sind es Möwen, Tölpel, Lummen,
die nicht einmal bei Nacht verstummen.

Die "LANGE ANNA" - seit Jahren schon,
ist sie die - Touristenattraktion,
Fotos schießen will ein jeder gern,
von dem Fels, der nah und doch so fern.

Der rote Koloss in der Brandung,
verdient pausenlos Bewunderung. ---
Wer die "LANGE ANNA" nicht geseh´n,
wird ihre Anmut - niemals versteh´n.

Bald ist Sommer

Bald ist Sommer, es wird auch Zeit,
lange Tage steh´n dann bereit,
Bienen summen, Blumen blüh'n bunt,
Wärme tut gut, ist so gesund.

Im Sommer ist´s sonnig und schön,
lauer Wind, nur im Bergland Föhn,
und an frischem, zartgrünen Gras,
erquicken sich Rehlein und Has´ .

Und kommt mal ein Unwetter vor,
dann nehmen wir´s hin, mit Humor,
wir sagen uns fröhlich und frei,
auch das geht ganz sicher vorbei.

Die Sommerzeit steht vor der Tür,
sie bezieht nun bald ihr Quartier,
laut Vorhersage steht im Raum,
der ganze Sommer wird – ein Traum.

Missglückte Anmache

Sagt ein Stinktiermann zur Stinktierdame:
(er macht sonst für Stinkbomben Reklame)
„Du stinkst so gut, ich sag´s dir ganz offen,
wir haben uns nicht durch Zufall getroffen“.

„Die Spatzen pfeifen´s längst von den Dächern,
du stinkst bestialisch aus allen Löchern,
genau wie Kot vom alten Warzenschwein,
du könntest doch mein Stinktierfrauchen sein.“

„Du stinkst enorm nach altem Kadaver,
drum endet hier mein Liebespalaver,
lass uns ab heute gemeinsam stinken,
dann werden uns schöne Zeiten winken“.

Die nette Stinktierdame sprach spontan:
„Dein Geschmeichel macht mich wenig an,
ich hab Erfahrung mit Stinktier-Schufte,
du machst mich stinksauer, drum - verdufte !"

Gartenfest

Gartenfest bei Opa Klug,
Bier und Schnaps gibt es genug,
auch für Essen ist gesorgt,
Opa hat ´nen Grill geborgt.

Würstchen gibt's und Schweinebauch,
frisches Brot natürlich auch,
Plastikteller und Besteck,
sind mit Tüchern abgedeckt.

Auch zwei Musiker sind da,
sie spielen – La Paloma,
wer ihn kennt, den alten Hit,
grölt natürlich, lauthals mit.

Getanzt wird, richtig Klasse,
Foxtrott, auf der Terrasse,
Opa Klug schaut lieber zu,
tanzen ist für ihn tabu.

Er mag die Geselligkeit,
Freude und viel Heiterkeit,
dieses wird ihm nie zuviel,
deshalb ist er so agil.

Überall mischt Opa mit,
die Bewegung hält ihn fit,
Gläser wäscht er und räumt auf,
abends macht er Dauerlauf.

Alles wird von ihm durchdacht,
vorbereitet und gemacht,
ebenso wie dieser Tag,
der ihm sehr am Herzen lag.

Das Fest neigt sich dem Ende,
und Opa drückt noch Hände,
jeder zahlt ´nen Obolus,
und Opa Klug ruft: „SERVUS“!

Die Eule

Die Eule ist ein Fluggerät,
das Nachts nach fetter Beute späht,
mit Federn ist es voll bestückt,
das Augenpaar wird nie verrückt.

Sie wacht auf einem hohen Ast,
und hofft, dass sie dort nichts verpasst,
oft sitzt sie da bis früh um Vier,
und lauert auf ein Mausgetier.

Als weise ist sie auch bekannt,
mit einem Lehrbuch in der Hand,
meistens trägt sie eine Brille,
ist ´ne Dominanz, ´ne Schrille.

Vor vielen Kindern sitzt sie gern,
als Lehrkraft und als harter Kern,
solch eine Eule mit Brille,
liebt Krawall, aber auch - Stille.

Jürgen

Jürgen sitzt da, bei Kerzenlicht,
mit ´nem dicken Buch in der Hand,
traurig ist er, der arme Wicht,
weil er doch keine Freundin fand.

Er blättert um, isst ´ne Brezel,
schon seit Tagen geht es so her,
doch es bleibt ein großes Rätsel,
wer für ihn die Richtige wär.

Dann kommt sein Freund Gert zu Besuch,
kann dieses Elend nicht mehr seh´n:
„Leg es weg, das Telefonbuch,
und lass uns in die Disco geh´n !“

Ein Käfermann

Am Abend sitzt ein Käfermann,
fix und fertig schlapp im Garten,
für heut hat er genug getan,
was noch anliegt, das muss warten.

Da kommt ein Sperling an und spricht:
„Käfermann, machst du ´ne Pause,
was hältst du denn, du kleiner Wicht,
hier und jetzt von einer Sause ?“

Der Käfer sagt: „Ich danke dir,
ich hätte wirklich nie gedacht,
das solch ein großes, tolles Tier,
jemals mit mir ´ne Sause macht !“

Doch eh der Käfer sich versieht,
hat ihn der Sperling schon verdaut.

So lernt der Kleinste was geschieht,
wenn großen Heuchlern – er vertraut.

Außer Rand und Band

Sie nimmt ihn zärtlich in die Hand,
findet ihn schön und wunderbar,
ist völlig außer Rand und Band,
und jubelt wie ein Superstar.

Ihr Lebtag hätt´ sie nicht gedacht,
dass es solch Riesengroße gibt,
in Filmen hat sie nur gelacht,
doch jetzt ist sie in ihn verliebt.

Dieser Umfang, diese Länge,
so etwas hat sie nie geseh´n,
gäb´ es, wie beim Sportlern Ränge,
er würd´ an erster Stelle steh´n.

Seine Härte und die tolle Form,
haben sicher viel zu heißen,
drum will sie jetzt und ganz enorm,
in diesen - Maiskolben beißen.

Hiltrud

Es lebte einst in Landshut,
die Durchgeknallte Hiltrud,
täglich tobte sie vor Wut,
zerknautschte ihren Filzhut,
und vor lauter Übermut,
streute sie vom Grill die Glut,
auf den Hof von Nachbar Knut,
und im nahen Institut,
wurde sie laut ausgebuht,
weil sie alten Früchtesud,
mischte mit dem Ochsenblut,
das im Reagenzglas ruht,
wo es streng und absolut,
einfach gar nichts andres tut,
als verhindert, eine Flut,
die am Holz zerstört die Nut,
dem Direktor schien´s akut,
drum entschied er resolut:
„Hiltrud, raus hier, schnell - machs gut !"

Bauleiter Schulze

Bauleiter Schulze lässt Frau Timmen,
die Farben im Neubau bestimmen,
und diese sagt sehr barsch und genau:
„Hier im Schlafraum will ich Hellblau.“

Schulze nimmt Papier, kritzelt es drauf,
dann reißt er eilig das Fenster auf,
ruft laut: „Etwas mehr in die Mitte,
und das Grüne nach oben bitte !“

Im Wohnzimmer folgt dann fast Selbes,
Frau Timmen will hier etwas Gelbes,
und Herr Schulze ruft wie vorhin:
„Das Grüne nach oben, das macht Sinn !"

„Hier im Gastraum will ich ein Rosè.“
Herr Schulze schreit nach draußen wie eh:
„Das Grüne nach oben, wunderbar !“
Frau Timmen fragt: „Sind Sie noch ganz klar ?“

„Herr Schulze, Sie sprachen, wie mir schien,
andauernd nur von der Farbe Grün ?!“ -----
„Das war nur der Ostfriesen wegen,
die vorm Haus - den Rasen verlegen . . .!“

Damals in der Zone

Es war in damals in der Zone,
mit den Witzen nicht ganz ohne,
nur Alkohol löste Zungen,
dem Max ist es oft gelungen.

Am Stammtisch zu später Stunde,
saßen acht Mann in der Runde,
einer davon war ein Neuer,
irgendwie nicht ganz geheuer.

Doch dem Max, dem scherte es nicht,
er sprach mit lächelndem Gesicht:
„Da ich hier wohl bei Freunden sitz,
erzähl ich mal ´nen Stasi-Witz !“

Der Neue kam gleich hoch am Tisch:
„Genosse, bist du noch ganz frisch ?,
ich sag´s dir offen und ganz frei,
ich bin Chef der Volkspolizei !“

Max sprach keck, er war gerissen:
„Es ist gut, das gleich zu wissen,
ich werd 'ne klare Sprache wähl´n,
den Witz - gaaanz laangsam heut erzähl´n.“

Jeder gibt

Es gibt Menschen, die leiden oft Qualen,
auch Gerd, der kann die Schulden nicht zahlen,
er fährt seinen Bus ganz dicht an den Rand,
und bringt ihn am steilen Abhang zum Stand.

Ein besorgter Fahrgast nimmt seinen Hut,
sammelt Geld ein, das läuft auffällig gut,
nie hat man Menschen spendabler geseh´n,
sie geben alles, wie kann das gescheh´n.

Jeder Fahrgast gibt, obwohl er nicht muss,
er sieht nur eines - am Abgrund - der Bus,
es hängt am hauchdünnen Faden, das Leben,
jeder ist bereit – sein Letztes zu geben.

Frühling hat die Oberhand

Die Sonne küsst den Fluss, den Bach,
strahlt hell auf Flur und Wege,
und rüttelt alle Pflanzen wach,
wärmt in Nestern das Gelege.

Der Buntspecht klopft im Sonnenschein,
und erfreut sich seines Strebens,
ein Entenpaar schaut glücklich drein,
schließt am See den Bund des Lebens.

Es lugt aus jedem Busch und Strauch,
ein frohes Vogelpaar hervor,
das junge Rehkitz wagt es auch,
und streckt die Ohren weit empor.

Der Neubeginn ist angesagt,
das ist längst allerorts bekannt,
der Winter wurde schnell verjagt,
jetzt hat der Frühling Oberhand.

Im Frühlingswald

Die Morgensonne küsst den Wald,
es steigen Nebelschwaden auf,
lautes Geschrei der Vögel schallt,
der Frühling zieht den Vorhang auf.

Zartes Grün ziert Strauch und Bäume,
lässt beim Menschen Sinne schweifen,
Frühling ist die Zeit der Träume,
die von Tag zu Tag jetzt reifen.

Weiches Moos wächst neben Wegen,
die Buschwindröschen leuchten weiß,
Frühling weckt nun Flugstrategen,
die Nester bauen voller Fleiß.

Der Frühlingswald in seiner Pracht,
ist ein Gedicht, ein Augenschmaus,
in dem der Mensch vor Freude lacht,
und gerne spendet – viel Applaus.

Frühling zieht ins Land

Wunderschön ist doch der Frühling,
und ganz besonders dieses Jahr,
im Garten tanzt ein Schmetterling,
der Himmel zeigt sich hell und klar.

Ich liebe diese Jahreszeit,
in der das Leben neu beginnt,
das zarte Grün macht sich jetzt breit,
man spürt den lauen Frühlingswind.

Beim Wandern durch den grünen Wald,
mit dem Spazierstock in der Hand,
macht man an Ruheplätzen Halt,
denkt laut: „Der Frühling zieht ins Land“.

In aller Ruhe frühstücken

In aller Ruhe frühstücken,
heißen Kaffee dabei trinken,
dann den Stuhl ans Fenster rücken,
und dem netten Nachbarn winken.

Füße auf die Eckbank legen,
und den Bauch nach vorne strecken,
fünf Minuten kaum bewegen,
dann vom Bienenhonig schlecken.

Süße Weintrauben genießen,
einen halben Apfel essen,
beide Augen ganz fest schließen,
und den Alltagsstress vergessen.

Danach auf die Terrasse geh´n,
Liegestütze absolvieren,
im Garten eine Runde dreh´n,
hinlegen - regenerieren.

Sommertag

Ich bleib stehen am Wegesrand,
lasse den Blick ringsum schweifen,
der Sommertag reicht mir die Hand,
gerne würd ich sie ergreifen.

Erstaunt seh ich, mit offnem Mund,
was dieser Sommer hat vollbracht,
das Gras so grün, die Blumen bunt,
die ganze Landschaft eine Pracht.

Vögel zeigen ihr Federkleid,
wie es schimmert in der Sonne,
ich öffne die Augen ganz weit,
genieße den Tag mit Wonne.

Solch einen schönen Sommertag,
sollte es viel öfter geben,
es ist ein Tag, zu dem ich sag:
„Es ist schön – mit dir zu leben."

Rechte

Ein Mensch, man hat so den Verdacht,
hat sich ein falsches Bild gemacht,
von etwas, das er gar nicht kennt,
doch seine Urteilskraft nicht hemmt.

Er schreibt dann fleißig ´ne Kritik,
weist Andersdenkende zurück,
und zwar mit aller Vehemenz,
das man nur staunend fragt: „Wo brennt´s ?“

Es liegt der Grund, genau betrachtet,
wohl da, dass er ihn hat gepachtet,
und Rechte, die er selbst bestimmt,
einfach für sich in Anspruch nimmt.

Unser Leben

Sind wir heute doch mal ehrlich,
unser Leben ist beschwerlich,
obwohl - und - ganz ohne Frage,
gibt es auch sehr schöne Tage.

Diese sollte man genießen,
keinen Tag sich selbst verdrießen,
das Schöne ist so dünn gesät,
und wie jeder weiß - es vergeht.

Wichtig ist, daran zu denken,
jeden Tag entsprechend lenken,
und sein Leben diesbezüglich,
gestalten – sinnvoll, vergnüglich.

Der Schein trügt

Wenn ich mich hier beschreiben müsste,
dann wüsst´ ich auch, wie ich mich brüste,
denn ich benehme mich stets ganz normal,
kann mich sehen lassen, überall.

Zu meiner Figur könnt´ ich sagen,
es gibt an ihr gar nichts zu klagen,.
auch meine Haut ist richtig famos,
ich sag´s mit einem Wort - makellos.

Und hinzu kommt noch, wie wunderbar,
ich kämm´ immer noch mein volles Haar,
nicht ein Graues kann ich entdecken,
seh´ nicht einmal Geheimratsecken.

Ja, ja, so würd´ ich mich gern sehen,
und täglich lang vorm Spiegel stehen,
doch die Wirklichkeit sieht anders aus,
lasse ich die Schwindelei hier raus.

Es bleibt, bei rechtem Licht betrachtet,
so vieles einfach unbeachtet,
täglich denkt man nur, die Welt ist heil,
doch die Wahrheit ist, das Gegenteil.

Märchen werden ständig aufgetischt,
bis man sich selbst dabei erwischt,
und merkt, dass der Schein unsagbar trügt,
dass man schlussendlich – sich selbst belügt.

Später, im Alter

Später, nach vielen Lebensjahren,
sollt´ man nicht ständig Autofahren,
besser ist gehen, sich bewegen,
das bringt Lebenskraft, Heil und Segen.

Auch ein paar Stunden vorm Besaufen,
sollte man Rad fahr´n oder laufen,
sonst sitzt man Nachts mit zwei Promille,
stark schwankend auf der eignen Brille.

Das ist gar nicht gut für´s Sehorgan,
weil es nichts mehr klar erkennen kann,
die Folgen sind dann, tasten, suchen,
ein jeder Tag endet mit Fluchen.

Am nächsten Morgen, so ab halb Zehn,
sollt´ man nicht an Pommes-Buden steh´n,
denn schmerzhaft merkt man dann beim Essen,
man hat den Zahnersatz vergessen.

Drum - später, im Alter, umdenken,
das einst Alltägliche, einschränken,
denn, was früher wie von selbst geschah,
ändert sich - mit jedem grauen Haar.

Gezielt geschossen

Aufrecht stand ein Förster vor Gericht,
vorbestraft war er bislang noch nicht,
drum konnte man ihn kaum verdammen,
der Richter fasste es zusammen.

„Sie kamen früher als sonst nach Haus,
Gestöhn kam vom Schlafzimmer heraus,
Sie trafen nackt Ihre Frau dort an,
im Bett, mit einem andern Mann.“

„Ihr gezielter Schuss, der traf genau,
Ihre einst geliebte Ehefrau !“
„So war es", sprach der Angeklagte,
worauf der Richter ernsthaft fragte,
er sah dem Täter fest ins Gesicht:
„Nur eines, mein Herr, versteh ich nicht,
weshalb Sie sich grad so entschlossen,
und nicht den üblen Kerl erschossen ?“

„Herr Richter, das hab ich auch bedacht,
und lieber meine Frau umgebracht,
alles war mit einmal abgetan ---,
besser als laufend ´nen andren Mann !“

Mutter backt

Tatkräftig zerdrückt die Mutter,
im Gefäß die feste Butter,
knetet sie recht kräftig und rührt,
bis sie ein “so ist gut“ verspürt.

Zucker und Ei gibt sie hinein,
auch Rosinen kommen noch rein,
cremig schlägt sie die Masse dann,
zum Schluss ist nun das Mehl noch dran.

Und das die Würze richtig stimmt,
kommt noch hinzu ´ne Prise Zimt,
das alles wird nun fest vermengt,
weil Mutters Ehre daran hängt.

Meist sind die Kinder gar nicht weit,
schauen gebannt und sind bereit,
mit den Fingern Teig zu naschen,
und Rosinen zu erhaschen.

Dann wird der Teig in Form gerollt,
viel dicker, breiter als gewollt,
es wurde nirgendwo gegeizt,
der Ofen ist schon vorgeheizt,

Für die Kids kommt nun das Beste,
diese vielen süßen Reste,
das ist seit jeher solch ein Brauch,
und spät am Abend - schmerzt der Bauch.

Was will ich noch mehr

Ich liebe den hellen Sonnenschein,
er zieht mich wie zig Magnete an,
stillschweigend lege ich mich hinein,
spüre Glücksgefühle, ganz spontan.

Was will ich noch mehr von dieser Welt,
von jedem Tag, an dem ich erwach,
der mein Herz durch Sonnenschein erhellt,
und mich zum glücklichen Menschen macht.

Ich bedanke mich für alle Tage,
an denen mich Sonnenlicht erreicht,
und bin auch ehrlich, wenn ich sage,
das durch Sonne - Unmut von mir weicht.

Im Freibad

„Wir müssen hier doch nicht rumsteh´n,
lass uns lieber ins Freibad geh´n !"
Das sagt Schüler Jürgen dem Karl,
gewiss heut´ schon zum dritten Mal.

Doch der Karl druckst ständig herum,
dem Jürgen wird's langsam zu dumm.
Dann spricht der Karl, ganz leise nur:
„Der Bademeister ist zu stur!"

„Ich hab mit dem so meine Not,
er verpasste mir - Bad-Verbot,
und - was ihr alle noch nicht wisst,
ich hab ins Schwimmbecken gepisst!"

Lächelnd sagt Jürgen zum Kalle:
„Mensch, das machen doch fast alle,
sie strampeln etwas im Wasser,
dann merkt´s nicht mal ein Aufpasser!"

„Ja, fast keiner lässt sich fassen,
ich hab mich erwischen lassen,
wollt nicht zur Toilette geh´n,
und blieb beim Pinkeln ganz still steh´n.

Später sprach Badmeister Heesen,
es wär nicht so schlimm gewesen,
wenn ich nur nicht gepinkelt hätt`
von oben - vom Zehn-Meter-Brett!"dan

Ehrliches Paar

„Gold-Hochzeit, es wird nicht gelogen,“
sagt er laut, „ich war fast immer treu,
nur zweimal hab ich dich betrogen,
und das ist ganz sicher für dich neu.“

„Die Erste konnte klassisch singen,
hatte nen´ wunderschönen Sopran,
die Andre konnt tanzen und springen,
deshalb machten die Beiden mich an !“

„Mehr war nicht in den vielen Jahren,
schließlich ist es auch schon lange her,
doch heute sollst du es erfahren,
nie mehr gab´s solchen Fremdenverkehr !“

„Danke für die ehrlichen Worte,“
antwortete seine Frau ganz fein,“
„und bei dieser süßen Obsttorte,
will ich dir alles gnädig verzeih'n.“

„Bei mir war es ebenfalls zwei Mal,
ich hoffe, du wirst auch mir verzeih'n -
zuerst waren's die Herren vom Fußball -
später die Herren vom Kegelverein !“

Blondine kauft ein Auto

Die Birgit, sie tanz umher wie benommen,
soll heut den neuen Ferrari bekommen,
vorm Händler steht sie, um das Geld zu zählen,
doch sind es zehn Euro, die da noch fehlen.

Sie sagt zum Verkäufer lächelnd, fast bieder:
„Ich geh schnell nach Haus und komme gleich wieder."
Doch dann spielt das Glück bei der Blondine mit,
sie trifft auf der Straße ihre Freundin Britt.

„Schön dich zu treffen - ich bitt´ dich, bis morgen,
mir auf die Schnelle, zehn Euro zu borgen,
dann kann ich gleich den Ferrari erhalten,
und klar, wir Blondinen, bleiben die Alten."

Freundin Britt macht sofort die Geldbörse auf,
und antwortet ohne zu zögern darauf:
„Ich geb dir gern auch zwanzig Euro, Birgit, -
dann bringst du mir auch gleich einen davon mit !"

Gemischter Salat

Den ersten Freund hat sie mit nach Haus gebracht,
Vater fragt skeptisch: „Doch wohl nicht über Nacht ?“
Die Tochter meint: „Er gehört zu den Braven,
heut fährt kein Bus mehr, er kann bei mir schlafen.“

Doch Papa meint, es könnte etwas nützen,
diese blutjunge Unschuld zu beschützen,
drum hat er die Tochter vertraulich belehrt,
falls der etwas macht, was sich gar nicht gehört.

„Wenn er dir zu nah kommt, und will dich küssen,
dann rufst du laut “Radieschen“, dann werd ich´s wissen,
doch wagt er es an deine Brust zu fassen,
rufst du “Tomaten“, denn das muss er lassen.“

„Ich kann dann nicht mehr in Ruhe verweilen,
werd dir helfen Liebling und zu dir eilen,
und geht er sogar weiter unten vor Ort,
dann rufst du laut “Gurken“, und ich bin gleich dort !“

Spät nachts, der Paps lauscht in seinem Schlafzimmer,
und hört ganz plötzlich ein lautes Gewimmer:
„Oh jaaa, oh ja, ja ja - gemischter Saaaalat,
oh jaaa, oh ja, ja, ja - gemischter Saaaalat !“

Drei Frauen und drei Gangster

Im Waldhotel "Zum Sonnenschein"
quartierten sich drei Frauen ein,
die Tochter blond und unerfahren,
ein Teenager von sechzehn Jahren.

Ihre Mutter schön, doch allein,
sie mochte um die fünfzig sein,
die Oma, fahl, faltig und grau,
war einst sicher 'ne hübsche Frau.

Sie saßen ganz gemütlich kaum,
da stürmten drei Gangster den Raum,
der Gangsterboss rief lauthals aus:
„Rückt all eure Moneten raus !"

Ein kleiner Gangster fragte krass:
„Die Oma auch - was soll denn das?"
Die Antwort, ´ne radikale:
„Halt die Schnauze - ich sagte alle!"

Es wurde kaum noch diskutiert,
Befehle wurden ausgeführt,
der Gangsterboss rief kurz und knapp:
„Jetzt gebt ihr euren Schmuck noch ab!"

Der kleine Gangster sprach voll Hass:
„Die Oma auch – was soll denn das?"
Der Boss sprach zum zweiten Male:
„Halt die Schnauze - ich sagte alle!"

Die drei Frauen, stark am Beben,
mussten ihren Schmuck abgeben,
dann schrie der Boss: „Ihr Hurtigen -
jetzt alle vergewaltigen !“

Die Sechzehnjährige schrie: „Waasss,
die Oma auch – was soll denn das?“
Oma keift: „Mir platzt die Galle,
halt die Schnauze - er sagte a l l e !“

Verdrehtes

Vor einem leeren Reisebus,
der voll besetzt mit Menschen war,
lag eine riesengroße Nuss,
so klein, dass man sie kaum noch sah.

Und auf der breiten Autobahn,
schmaler noch als eine Gasse,
sah man die schnellen Autos fahr´n,
langsam wie ´ne Sirupmasse.

Quadratisch stand da auch ein Schild,
kugelrund lag es am Boden,
ein Arbeiter schrie auf, ganz wild,
sagte nichts, zu solch Methoden.

Fern ab stand auch ein Apfelbaum,
ganz nah konnt´ man die Birnen seh'n,
sie hatten einen lila Saum,
der schwarze Rand war zu erspäh'n.

Dies wurde ehrlich hier erzählt,
und dann verlogen dargestellt,
das Verdrehte wurde gewählt,
weil das Glatte – fast nie gefällt.

Mal, rustikal, schmal, usw.

Der Weg ist ziemlich schmal,
geh ihn das erste Mal,
bin nicht mehr ganz vital,
jeder Schritt ist ´ne Qual,
trag am Hals einen Schal,
und ein Hemd rustikal.

Ich muss heute zur Wahl,
die ist unten im Tal,
in der Schule, im Saal,
steht die Urne aus Stahl,
sie ist weiß und oval,
lehnt an einem Regal.

Gleich ess ich einen Aal,
dann geht's nach Arenal,
ins Hotel blauer Wal,
für jedermann loyal,
so etwas klingt banal,
ist mir aber egal.

Zurück geht's nach Bruchsal,
besuche dort Pascal,
der wohnt ziemlich zentral,
auf eig'nem Areal,
und führt dort ein Lokal,
mit dem Namen Chantal.

Zum Schluss sag ich's brutal,
manch Stuss ist genial,
nur Worte, keine Zahl,
und vieles auch fatal,
bekannt ist längst global,
dafür - gibt's kein Pokal.

Keinen Schlüssel

Zwei blonde Frauen starten gern,
ihr Auto mit dem Silberstern,
doch die Türen sind alle dicht,
ihren Schlüssel finden sie nicht.

Irgendwann fällt den Beiden ein,
der Schlüssel muss im Auto sein,
sie toben und schreien deftig,
denn jetzt regnet´s auch noch kräftig.

Ein Mann kommt des Weges daher,
die Blondinen freuen sich sehr,
und schildern dann mit viel Bla Bla,
was hier versehentlich geschah.

Der Mann lacht und kringelt sich sehr,
denn es regnet noch viel, viel mehr,
die Frauen blicken betroffen,
als er sagt: „Das Verdeck ist offen !"

Mittel gegen Husten

„Herr Doktor, es ist wie verflucht,
ich hab schon zig Mittel versucht,
Hustensaft und Lutschtabletten,
wär´ gut, wenn Sie da was hätten,
mein Husten bringt mich in Rage,
er wird schon langsam zur Plage!“

Der Doktor sagt: „Da hab ich was,
es wirkt sofort, das ist kein Spaß,
ich schreib´s als Rezept Ihnen auf,
“starkes Abführmittel“ steht drauf,
nehmen sie fünf Pillen zur Nacht,
wir sehen uns - Morgen um Acht.“

Gleich in der Früh fragt der Doc dann:
„Wie geht es Ihnen, guter Mann,
Sie gehen heut´ so sonderbar,
ist Ihr starker Husten noch da?“

„Der Husten reizt noch immer sehr,
aaaaber --- ich traue mich nicht mehr !“

Feuchtfröhliches Fest

Im Chefbüro gab´s gestern ein feuchtfröhliches Fest.
„Hatte ich Streit mit dem Chef ?“, fragt früh morgens Herr Krest.
Seine Frau antwortet: „Ja, Du musstest dich wehren,
brülltest äußerst laut, er soll zum Teufel sich scheren!“

„Ihr habt euch bös betitelt, es war kaum zu fassen,
er war in Rage und hat Dich fristlos entlassen!“
Herr Krest wurde im Gesicht purpurrot, dann aschfahl,
und schrie ganz lauthals: „Dieser Blödmann, der kann mich mal!“

Seine Frau meint: „Das Gleiche hab ich ihm auch gesagt,
er nahm mich beim Wort, drei Mal - und ich war verzagt,
war auch ganz nahe dran, dieses Schwein zu ermorden!“ ---
„Doch heut früh bist Du von Ihm - wieder eingestellt worden.“

Hoch hinaus

Das Schuften ist für ihn ein Graus,
er will im Leben hoch hinaus,
zu den Magnaten will er hin,
hat nur Geld und Wohlstand im Sinn.

Karriere-geil, man kann es seh´n,
bleibt er vor einer Leiter steh´n,
denkt nur, da muss ich schnell hinauf,
Gefahren nehm ich gern in Kauf.

Er erklimmt die ersten Sprossen,
klettert weiter, unverdrossen,
nach oben kommen ist jetzt Pflicht,
doch ganz so einfach ist es nicht.

Die Hälfte hat er grad´ erreicht,
als plötzlich seine Kraft sich neigt,
und er verliert das Gleichgewicht,
die nächste Sprosse schafft er nicht.

Statt mit Magnaten zu plauschen,
sieht man ihn zu Boden rauschen,
von oben tönt ein Freudenschrei:
„So bleibt halt noch - ein Plätzchen frei !“

Von Beiden etwas

Der Lehrer Zier trifft im Ort Frau Kant,
(sie sahen sich schon vor vier Wochen,
nur ganz kurz, in einem Restaurant)
haben von Frau Kant´s Sohn gesprochen.

„Ich erzählte Ihnen neulich schon,
von äußerst “Seltenem“ bei Knaben,
und dem “Wissensdurst“ bei Ihrem Sohn. -
Von wem mag er denn das nur haben?“

„Von Beiden etwas, lieber Herr Zier,
von den Eltern fällt doch meist was ab,
das Wissen hat er allein von mir,
den ständigen Durst - von seinem Pap´ !“

Ganz sacht

Nebeneinander gehen wir,
durch einen tief verschneiten Wald,
und sehen dort manch wildes Tier,
obwohl es bitter, bitter kalt.

Schnee fällt von den Ästen nieder,
wenn der Wind an ihnen rüttelt,
ebenso ist`s beim Gefieder,
das der Vogel kräftig schüttelt.

Ich denk an meine Jugendzeit,
an Liebe und an Mondenschein,
an Sommer, Herbst und Winterzeit,
und auch an das Zusammensein.

Vorbei die Zeit, ich glaub es kaum,
die ich so froh mit dir verbracht,
bald fallen wir vom Lebensbaum,
wie Schnee vom Ast - ganz sacht, ganz sacht.

eMail

Der Junggeselle mit Namen Kurt Riemel,
erhielt früh am Montag folgende eMail:
„Bin seit Samstag mit Ihrer Sonja vermählt,
sie hat mir jüngst alles von ihnen erzählt,
so auch von all Ihren Intimitäten,
drum sind Sie als Gast hier nicht mehr erbeten !"

Die Antwort:
„Sehr schön, dass Sie jetzt Sonjas Ehemann sind,
schon einige vor Ihnen waren recht blind,
Sie können sich jetzt richtig frei entfalten -
Ihr Rundschreiben, hab ich dankend erhalten !"

Clevere Ehefrau

„Kaum Geld, und das seit Jahren,
lieber Klaus, wir müssen sparen !"
„Geliebte Frau, ich bin ganz Ohr,
doch sag, wie stellst du dir das vor ?"

„Mein Schatzilein, es macht doch Sinn,
gehst du nicht mehr zum Stammtisch hin,
ich bringe mich dann auch auf Trab,
gewöhne d i r - das Rauchen ab !“

„Ein Genuss wird unser Leben,
ich kann täglich Partys geben,
so gibt ein jeder etwas her“ ---
„meinst du nicht auch, das wäre fair ?“

Eieruhren

Ich mach es heute mal publik,
das hier, in dieser Republik,
in fast jeder Küche ′ne Eieruhr steht,
die vielen Menschen auf den Wecker geht,
Eieruhren sind überflüssig und trist,
weil kein Ei wissen will, wie spät es ist.

Jeder hat ´nen Dünnen

„Was könnt´ ich damit wohl meinen,
vielleicht einen Schal aus Leinen,
oder geht es um einen Hals,
einen Schwanenhals, bei der Balz ?"

„Es hört sich jedoch seltsam an,
gleich vier davon, hat jeder Mann,
ihr müsst euch nur mal besinnen,
zuerst hat jeder ´nen Dünnen,
der dann für den, der es versteht,
in einen Dicken übergeht.

Nebenbei muss ich verkünden,
viele haben auch ´nen Blinden,
ach Männer, ihr müsst nicht bangen,
ein jeder hat einen Langen,
ich denke, ihr begreift es fast,
denn schließlich kommt ja noch der Mast -

Doch nun verrat ich es genau,
das alles hat auch eine Frau,
ob sie nun reich ist oder arm,
ein jeder Mensch - hat einen Darm !"

Frisch vermählt

Sie sind ein frisch vermähltes Paar -
er macht ihr seine Wünsche klar:
„Auf Pünktlichkeit leg ich viel Wert,
mach also bitte nichts verkehrt !"

„Um sechs Uhr früh, Brot mit Butter,
so wie damals schon, bei Mutter,
ab acht Uhr spiele ich Klavier,
ich wünsche, du stehst hinter mir.

Täglich um Zwölf, pikant und frisch,
steht´ s Mittagessen auf dem Tisch,
um neunzehn Uhr, alles im Lot,
verlange ich mein Abendbrot.

Bis null Uhr schaue ich dann fern,
danach sag ich – gut Nacht mein Stern,
ich schlaf im Dunkeln, nie bei Licht,
ob du daheim bist oder nicht !" -----

„Schatz, und das, worauf ich poche,
ist, fünf mal Sex, jede Woche,
ich will es so, ohne Verzicht,
ob du daheim bist - oder nicht !"

Pille vergessen

„Großer Gott“, so sagt Ulrike,
„wär schlimm – ach du meine Fresse,
wenn ich jetzt ein Baby kriege,
weil ich die Pille vergesse !"

„Wieso denn ?", fragt die andre Frau. ---
„Mein Mann würd sich furchtbar kränken,
er nimmt stets alles ganz genau,
böser Krach wär´ nicht auszudenken !"

„He, das begreife nun, wer will,
komm, erklär mir die Ballade,
ich denk, dein Mann ist längst steril ?"
„Klar, das ist es ja gerade !"

Willi kommt spät heim

Willi kommt spät nachts aus der Kneipe,
und hört Geschrei von seinem Weibe:

„Was war das im Flur für ein Knallen ?"
„Ach - meine Schuh sind umgefallen !"

„Und das macht solch einen Mordsspektakel ?"
„Ja, die Dinger haben ´nen Makel !"

„Sei ehrlich, was hast du ausgeheckt ?"
„Mein Gott ja - ich hab noch dringesteckt !"

Besorgte Mutter

Endlich, die eigenen vier Wände,
zuhause leben hat ein Ende,
doch schon nach der ersten schönen Nacht,
steht die Mutter vor der Tür - um Acht.

Neugierig fragt sie mit Betonung:
„Mein Kind, wie gefällt dir die Wohnung,
du bist erst sechzehn, mein Töchterlein,
warst du die letzte Nacht hier allein ?"

Die Tochter lacht und gibt zum Besten,
um ihre Mutter schnell zu trösten:
„Was du wieder denkst, liebste Mama -
ein netter Monteur - war auch noch da !"

Mittagessen im Lokal

Mittagessen im Lokal,
alles läuft zunächst normal,
nur der Kellner hört sehr schwer,
stottert, humpelt, zittert sehr.

„Ein Glas Wasser hätt´ ich gern“,
sag ich zu dem netten Herrn,
der verzieht kurz sein Gesicht,
meint dann: „Kassler gibt’s hier nicht !“

Etwas lauter red ich dann,
Selterswasser bringt der Mann,
stellt es zitternd auf den Tisch,
spricht: „Heut gibt es frischen Fisch !“

„Nein, nein, Fisch den mag ich nicht,
hätte gern ein Fleischgericht.“
„Bra.., Bra.., Braten ist noch da,
schmeckt auch ganz wun.., wunderbar.

„Na gut, dann nehm ich Braten,
und lassen sie mich raten,
dazu gibt’s sicher Rotkraut,
weil´s Tischtuch danach ausschaut.“

Schnell wird’s Tischtuch ausgetauscht,
und nicht näher aufgebauscht,
auch das Essen kommt sogleich,
Rinderbraten, butterweich.

„Zahlen bitte“ rufe ich,
das klappt sofort – erstaunlich,
ich lach noch kurz beim Gehen,
sag „ade“, - nicht - „Auf Wiedersehen.“

Chemische Reinigung

Siebzehn Uhr, die Reinigung hat grad noch offen,
Hose chemisch gereinigt, das will er hoffen,
sie wird ihm hingelegt, seine graue Feine,
Erwin schimpft: „Diese Hose ist doch nicht meine !"

„Mein Herr, sehen sie die Nummer auf ihrem Schein,
sie stimmt mit der an der Hose voll überein."
„Dass dies hier meine Hose ist, glaube ich nie,
meine hat einen Schmierfleck, direkt unterm Knie !“

An der Bar

Karl-Heinz sitzt ganz allein an der Bar,
trägt ´ne goldene Uhr, wie ein Star,
nah bei ihm, ´ne superschöne Frau,
sie taxiert den tollen Mann genau.

Der hat die Uhr, recht interessiert,
schon fünfzehn mal an sein Ohr geführt,
drum sucht sie ein Gespräch zu starten:
„Na, lässt Ihr Mädel auf sich warten ?"

„Oh nein, mein Fräulein, das täuscht wohl nur,
das ist eine Telepathik-Uhr,
die kann so allerlei erkennen,
Dinge genau beim Namen nennen !“

„Sie sagt mir jetzt, bis ich es lösche,
sie tragen keine Unterwäsche !"
„Das Ding muss defekt sein, guter Mann,
ich hab sehr wohl Unterwäsche an !"

„Ach, jetzt bin ich aber echt verwirrt,
diese Uhr hat sich noch nie geirrt !“
Karl-Heinz schaut, drückt die Uhr ans Ohr:
„Fräulein - sie geht nur 'ne Stunde vor !"

Cleverer Freund

Zu der schönen Erika,
spricht der clevere Klaus-Hein:
„Deine Eltern sind stets da,
ich bin mit dir, nie allein !“

„Deshalb hab ich drei Karten,
fürs Stadttheater besorgt,
will nicht mehr länger warten,
weil unser Glück sonst verkorkt !“

„Warum kaufst du denn gleich drei ?“,
fragt erstaunt die Erika.
„Mein Liebling, ich war so frei,
es ist doch sonst niemand da !“

„So ist alles in Butter,
der Abend wird wunderbar,
fort ist dann deine Mutter,
dein Bruder und dein Papa !“

Deutsche Flüsse (chaotisch sortiert)

Im Rheintal direkt am Neckar,
da plätschert lautlos die Ruhr,
ebenso stur rauscht die Saar,
durch Felsen in sumpfiger Flur.

Auch die Mosel, dieser Wildbach,
strömt als Lech in Richtung Meer,
und dort wo die Isar macht Krach,
gibt sich die Weser die Ehr´.

Selbst die Leine in Westfalen,
und die Aller tief in Hessen,
leiden unter argen Qualen,
wenn sie von der Ems gefressen.

Die Oder mit sandigem Strand,
zieht langsam im Sturmschritt dahin,
als Donau ist sie längst bekannt,
wenn sie sich vereint mit dem Inn.

Sogar der Main namens Saale,
ist als stille Werra bekannt.
Schluss, aus - ich frage jetzt alle:
„Hab ich mich hier etwas verrannt ?“

Fünfzehn Jahre hier

Der Chef spricht zum Techniker Herrn Spier:
„Fünfzehn Jahre sind Sie nun schon hier,
obwohl ich auf Erfolge poche,
war´n, sind Sie nie krank, nicht ´ne Woche,
die Sache scheint mir äußerst fatal,
nie Pause, keinen Schwächeanfall,
keinen Gehaltswunsch, keine Rage,
in all den Jahren, keine Klage,
das geht mir lang schon im Kopf herum,
drum nehmen Sie´s mir bitte nicht krum,
bei mir im Hirn hat´s nun gerastet,
Herr Spier - Sie sind nicht ausgelastet !“

Nach der Schicht

Seit Stunden brennt das Straßenlicht,
die Männer kommen von der Schicht,
mit dem Verkehr ist´s auch nicht doll,
der Stadtbus ist nicht mal halb voll.

Ein gut Beleibter steigt jetzt ein,
trägt in der Hand ´ne Flasche Wein,
und allen Andern zum Verdruss,
der Mann ist "voller" als der Bus.

Er hat keinerlei Manieren,
fängt gleich an zu randalieren,
es ist wirklich kaum zu fassen,
jetzt beschimpft er die Insassen:

„Ihr da links, ihr seid Idioten,
prügeln müsst´ man euch nach Noten,
rechts, ihr Böcke, Dauerzecher,
seid doch alle Ehebrecher !"

Sogleich empört sich einer rechts:
„Kein Einz´ger kennt von mir was schlecht´s,
denn meine Tugend ist wie neu,
stets war ich meiner Gattin treu !"

Nur kurz bleibt der Beleibte stumm,
und sieht sich nach den Plätzen um:
„Denk nicht, dass ich mit dir streite,
setz dich - auf die andre Seite !"

Neues Hörgerät

Zwei alte Herr´n auf der Parkbank,
einer erkrankt am Gehörgang,
der Andere fragt, wie's denn geht:
„Ich hab ein neues Hörgerät,
es ist so klein, fast nicht zu seh´n,
doch ich kann alles gut versteh´n !"

„Das Ding hat sicher seinen Preis,
wie ich´s von ´nem Kollegen weiß,
er hat sich zwar schnell dran gewöhnt,
hat aber tausend Euro gelöhnt,
der Preis ist doch wirklich ein Hohn,
von Hörgerät - Geiger und Sohn !"

„Ja, ja, am Zeiger hat´s gekracht,
hab den Uhrmacher ausgelacht,
die Zeiger gehen nicht weiter,
der Pfarrer tobt auf der Leiter,
ich sitz schon fast ´ne Stunde hier, -
die Turmuhr bleibt - auf viertel Vier !"

Acht mal verheiratet

Anna vertraut einer alten Freundin an,
etwas, das man nicht offen erzählen kann:
„Ich bin nie schwanger gewesen all die Jahr,
obwohl ich schon acht mal verheiratet war.

Ich hatte Männer verschiedener Sparten,
auf ein Kind musste ich vergebens warten,
nur dir gestehe ich es heute und hier,
die Schuld daran lag sicherlich nicht bei mir.

Mein erster Mann, von dem ich mächtig viel hielt,
der war ein Musiker - er hat nur gespielt,
der Optiker - hat nur geguckt - ganz charmant,
der Dritte, vom Baufach - der hat nur geplant.

Der Vierte, Politiker - sehr gespalten,
hat alles zugesagt und - nie was gehalten,
der Schreiner hat gar nichts zustande gebracht,
hat nur - Kinderbettchen für andre gemacht.

Und der Bäcker - knetete nur meine Brust,
dem Frauenarzt - verging beim Hinseh´n die Lust,
Handwerker war mein Achter und letzter Mann,
der sagte täglich – Morgen, fange ich an !"

Wehen für den Vater

Der Ehemann möchte dabei sein,
lässt seine schwangre Frau nicht allein.
Der Arzt, bei Patienten beliebt,
erläutert kurz, was es Neues gibt:

„Die Frau muss hinter diesen Türen,
die Wehen nicht alleine spüren,
die Technik kann ein Teil der Plagen,
jetzt auf den Vater übertragen.

Wobei es auch eine Skala gibt,
für den Mann, der völlig ungeübt,
spürt, wie Wehenschmerz tatsächlich brennt, -
drum schalte ich jetzt, auf zehn Prozent.

Es wird sicherlich kein Vergnügen,
ich glaub, es wird ihnen genügen !“
Der Ehemann fühlt sich fast geneckt,
hat den Schmerz kaltlächelnd weggesteckt.

Und weil der Mann sich als Held versteht,
wird vom Arzt das Gerät aufgedreht,
doch des Mannes Blutdruck bleibt normal,
als wären die Wehen, ihm egal.

Es zeigen sich des Mannes Stärken,
er scheint von Schmerzen nichts zu merken,
natürlich ist er sehr, sehr bewegt,
und auch ein klein wenig aufgeregt.

Es macht den guten Mann richtig geil,
er trägt vom Schmerz nun den größten Teil,
so, als ob er gar nichts andres kennt, -
seine Frau spürt nur noch, ein Prozent.

Das Kind kommt schnell und gesund zur Welt,
das Wehengerät wird abgestellt. - - -
Ein andrer Mann spürte Schmerz und Not, -
der Postbote des Wohnorts – ist tot.

Der Hörer war heiß

Helga trifft im Bus die Sabine,
die hat beide Ohren verbunden.
„Nanu, meine liebe Cousine,
"wer oder was hat dich zerschunden ?"

„Ich bügelte ´ne neue Bluse,
sie war ein Geschenk von meinem Sohn,
ich dachte ans Reimen, die Muse,
plötzlich klingelte das Telefon.

Doch im Kopf hatte ich, wie zuvor,
Dichten, Metrik, Muse, meinen Fleiß,
dann drückte ich das Eisen ans Ohr,
verdammt noch mal, war der Hörer heiß !"

„Und wie“, fragt Helga äußerst gespannt,
„ich kann es nicht so recht einstufen,
wie hast du das andre Ohr verbrand ?"
„Ich hab - den Notarzt angerufen !"

Ein Kaninchenpaar

Der Zauberkünstler Max Binder,
zaubert mit Stab und Zylinder,
in einem Biergarten bei Lohr,
zehn weiße Kaninchen hervor.

Versteckt neben dem Publikum,
sitzt ein Kaninchenpaar herum,
das Männchen flüstert: „Das ist gut,
der bringt die Kleinen aus dem Hut.

Auch du bringst Kinderlein zur Welt,
bei der die Machart mir gefällt,
du weißt ja, mein Häschen, ich hab,
auch einen schönen Zauberstab.

Lass die dort vorne nur machen,
und die Zuschauer laut lachen,
wir machen weiter frank und frei,
mit unsrer wilden - Rammelei !"

Ich bin eine Kreuzung

Manche Sträucher im Wald, die sind nicht sehr dicht,
zwei Tiere treffen sich, doch kennen sich nicht.
„Du siehst gut aus mein Freund, sag mir wer du bist ?"
„Bin ein Wolfshund, und du weißt nicht, was das ist ?“

„Ich bin eine Kreuzung, das geb ich dir Kund,
mein Vater ist Wolf, Mam ein weiblicher Hund,
viele Menschen sagen auch Hündin dazu, -
doch sag mir, mein Bester, und was bist denn du ?"

„Ach ja," sagt der and're, „ ich komm von weit her,
in meinem Land nennt man mich, Ameisenbär."
„Oh Gott,“ meint der Wolfshund, „wie kann das gehen ? -
deine Zeugung hätt´ ich gern mal gesehen !"

Nach dem Verhör

„Ich werde noch blöde, habe den Jonny,
nun ganze dreieinhalb Stunden verhört,"
sagt Kripo-Chef Max zu seinem Freund Ronny,
und wirkt dabei völlig am Boden zerstört.

„Und hat er gestanden, der Gangsterboss ?“
„Ich kenn ihn schon lang, diesen Idioten,
glaubst du denn wirklich, du dämliches Ross,
ich hätt` dem Typ - ´nen Stuhl angeboten ?"

Im Bio-Laden

Im BIO-Laden stehen Anton und Fritz,
Anton meint: „Hier kauft man Qualität, kein Witz,
überall Naturbelassene Ware,
Bauern und Gärtner liefern sie schon Jahre.

Alles Klasse, keine Chemie kommt da ran,
echt "BIO" steht groß an den Regalen dran,
hier ist wirklich alles so, wie es sein muss,
jedes Fleischgericht von hier, ist ein Genuss.

Bio-Produkte sind nicht nur "die Dinger",
da gibt´s keine Spur von künstlichem Dünger,
die Händler haben die Probleme geknackt,
sie haben stets selbst auf die Felder gekackt.

Äpfel sind ungespritzt am Baum gewachsen,
auf den Plantagen vom Emsland bis Sachsen,
Natur pur - und sehr schmackhaft - jede Speise,
BIO ist saftig - besonders die Preise !"

Die zarten Blumen

Sie kommen heim aus dem Theater,
da spricht das Töchterchen zum Vater:
„Die zarten Blumen dort, sie welken, -
sind's Chrysanthemen oder Nelken ?“

Vater muss sich zusammennehmen:
„Natürlich sind das Chrysanthemen !"
Und die Tochter fragt, nicht nur zum Spaß:
„Lieber Papi - wie schreibt man denn das ?"

Die Antwort des Vaters - leicht verwirrt:
„Da hab ich mich ganz sicher geirrt,
ich bin überzeugt, mein liebes Kind,
dass das hier - garantiert - Nelken sind !"

Gehirn

Tochter Grit sucht Hilfe bei Schulaufgaben,
und dachte, die wäre beim Vater zu haben:
„Ach Papa, ich hab das nicht richtig kapiert, -
erklär mir, wie das Gehirn funktioniert."

„Störe nicht, ich hab jetzt was andres im Kopf !"
Die Tochter denkt: „Was ist mein Vater fürn Tropf !“
Und sagt: „Vater, was hast du hinter der Stirn,
ich dachte bis heute, da wäre Gehirn."

Völlig entrüstet dreht der Vater sich um:
„Du weißt es doch ganz genau, ich bin nicht dumm,
trotzdem solltest du fix mal zur Mutter geh´n,
da müsste vom Hirn doch was im Kochbuch steh´n !"

Zweiter Blinddarm

Seit Jahren kenn ich Chirurg Pracht,
er ist ein Ass, so wie mir scheint,
ich ruf ihn abends an – um Acht,
es ist von mir nicht bös gemeint:

„Meiner Frau geht´s heut nicht so gut,
jammernd hat sie´s mir verkündet,
ich hab zum Stören deshalb Mut,
glaub, ihr Blinddarm ist entzündet !"

„Vor Jahren", spricht der Chirurg ernst,
„und das weiß ich noch ganz genau,
hab ich den Blinddarm schon entfernt,
bei ihrer lieben, netten Frau.

Und außerdem kann es nicht sein,
das ist es auch, was mich hier stört,
ich hab, ich schwöre Stein und Bein,
vom zweiten Blinddarm nie gehört !"

„Zweiter Blinddarm, ist falsch gewählt,
ein Arzt wie sie weiß das genau,
doch hat man ihnen nie erzählt,
von Scheidung und von - neuer Frau ?"

Notruf

Notruf in Bayerns Feuerwehr,
von Oma Schulz, sie atmet schwer:
„Hallo, ich bin in großer Not,
hier geht´s um Leben oder Tod !

Ein ält'rer Mann, sehr rüstig noch,
steigt zu mir grad die Leiter hoch."
„Bei uns ist jetzt kein Wagen frei,
drum rufen sie - die Polizei !"

„Nein, nein, die Feuerwehr muss ran,
sonst schafft er´s nicht, der gute Mann,
die Leiter ist ein Stück zu kurz,
der Mann riskiert hier einen Sturz,
ich brauch Hilfe, ohne Frage,
komm nie wieder - in die Lage !"

Landwirt in Hamburg

Ein Landwirt kommt in Hamburg an,
begibt sich auf die Reeperbahn,
fragt eine Dirne, die allein:
„Wie viele Euro solln´s denn sein ?"

„Mein Freund, du bist im Bett mein Gast,
wenn du einhundert Euro hast !"
Der Mann sagt ruhig und mit Stil:
„Das ist mir doch ein bisschen viel !"

„Jetzt red nicht rum, komm mit und zahl,
du darfst dafür, dann auch zwei mal !"
„Das nützt mir nichts, du scharfes Weib,
weil ich ja nur vier Tage bleib !"

Jogging im Wald

Kunibert macht Jogging im Wald,
er ist grad mal zwölf Jahre alt,
am Wegrand steht ein Reh allein,
da fällt ein schöner Vers ihm ein.

Und wie es oftmals dann so ist,
dass man die Reime fix vergisst,
will er auch keine Zeit verlier´n,
die Worte auf Papier notier´n.

Wie leicht gerät man da in Not,
wenn nichts mehr passt ins rechte Lot,
'nen Bleistift hat er grad noch hier,
doch nicht das kleinste Stück Papier.

Er ist noch scharf am Überlegen,
da kommt ihm eine Frau entgegen,
die sieht ganz nett und freundlich aus,
drum kommt es mutig aus ihm raus:

„Der liebe Gott schickt sie zu mir,
ich brauche schnell ein Stück Papier !"
„Ich wär´ zur Hilfe gern bereit,
doch hab ich keins, es tut ihr leid.

Bedauernd sagt sie zu dem Knaben:
„Du wirst es sicher eilig haben,
brauchst dich deshalb nicht zu schämen,
ich musst' heut auch schon - Gras nehmen !"

Max fragt den Freund

Max fragt den Freund: „Was ist das bloß,
im Bett ist nichts mehr mit mir los,
trotzdem ist Elsbeth, meine Frau,
schwanger, ich werd´ daraus nicht schlau ?"

„Stell dir vor, mein alter Kumpel,
nicht das ich dich überrumpel,
ein Reh im Wald gefällt dir sehr,
du hältst 'nen Stock wie ein Gewehr,
sagst nur mal so zum Spaß peng, bum,
du wunderst dich, das Reh fällt um -
kann nicht sein, denkst du verdrossen -
merkst - ein andrer hat geschossen!"

Arme Leut´

„Kinder, ich muss euch mal fragen",
das spricht in der KITA Frau Neer,
„wer von euch kann es mir sagen,
wo kommen die Kinder denn her ?"

Für den Jörg ist die Frage hohl,
er bleibt aber freundlich und nett,
und deshalb sagt er auch ganz cool:
„Die kauft man heut im Internet !"

Doris meint etwas beklommen:
„Ich nehme an, doch nur bedingt,
hab es irgend wann vernommen,
dass nur der Klapperstorch sie bringt !"

Der Tim seufzt ganz tief von innen:
„Die Frage ist mir viel zu schwer,
kann mich gar nicht mehr besinnen,
ist schließlich schon vier Jahre her !"

Evi lächelt und sagt adrett:
„Ich bin sicher, so muss es sein,
man singt "Ihr Kinderlein kommet",
der Weihnachtsmann bringt sie herein !"

Max, den diese Frage nicht freut,
antwortet: „Sie müssen verzeih´n,
Frau Neer, wir sind sehr arme Leut´, -
mein Vater macht alles allein !"

Cholesterin zu hoch

Herr Ochs geht zur Apotheke,
fünfzig Schritt, gleich um die Ecke,
am Tresen, die hübsche Marie,
fragt nett: „Mein Herr, was wünschen Sie?"

Dem Manne, ihm scheint es peinlich -
sie denkt - Kondome – wahrscheinlich,
er spricht leis, wie aus der Ferne:
„Hodenfarbe hätt ich gerne.“

Die Marie geht ´nen Schritt zurück,
fragt sich – ist dieser Mann verrückt ?
Dann tritt sie wieder vor und spricht:
„Was sie da wünschen, gibt es nicht."

Der Kunde aber meint ganz schlicht:
„Das kann nicht sein, ich glaub es nicht,
mein Hausarzt, der sagte mir doch,
mein Cholesterin sei zu hoch.“

„Er hat mir dringend geraten,
keinen Tag länger zu warten,
um bess're Werte zu erreichen,
soll ich sofort - die Eier streichen."

Sag immer „NEIN !“

Ein Gastwirt wollt´ sein Lokal neu gestalten,
und als Hilfskraft seine Tochter behalten,
drum sprach er: „Lass dich bloß nicht mit Männern ein,
wenn einer was will, dann sag zu ihm forsch - "Nein !"

Oft sagte sie nein, spürte aber auch Reue,
hielt jedoch weiter dem Vater die Treue,
manch ein junger, hübscher Mann wollte sie frei'n,
doch sie dachte an Vater, sagte stets "Nein !"

Ein Jahr später hörte man aus aller Mund:
„Die hübsche Tochter des Wirts, wird ja so rund !“
Selbst für den Vater war es deutlich zu seh´n,
er fragte deshalb: „Kind, wie konnt´ das gescheh´n ?"

„Vater, ich hab schlummernd im Bett gelegen,
da fragte ein Freund - hätt'st du was dagegen ?
sofort, spontan, fiel mir deine Mahnung ein,
und ich sagte, wie bei all den Anderen “Nein !"

Der Azubi

Die Chefin schimpft den Azubi:
„Wo willst denn du mittags schon hin,
so was wie dich gab´s hier noch nie,
mach dich an die Arbeit - Martin !“

„Chefin, ich bin gleich wieder da,
muss nur mal ganz fix ins Bordell,
von dort rief mich an, die Ulla,
sie meinte – beeil dich, komm schnell.“

Martin dreht sich um, laut quakend,
grinst dabei jedoch verstohlen:
„Dann muss der Chef heute Abend,
seinen Schlüpfer selber holen !"

Zwei Elefanten

Am Fluss standen zwei Elefanten,
die die Rasse “Mensch“ wenig kannten,
beide schauten sich verwundert an,
erstmals sahen sie ´nen nackten Mann.

Sie bestaunten ihn in aller Ruh,
dann sprach leis´ die Elefantenkuh:
„Weißt du was für mich ein Rätsel ist,
wie solch ein Mensch sein Futter frisst,
sieh dir doch nur mal an – “das Bissel“,
wie will denn der mit diesem Rüssel,
zum Maul sein ganzes Fressen kriegen -,
der muss sich doch enorm verbiegen."

„Ja, ja“, sprach der Elefantenmann,
„an der Rasse Mensch, ist nicht viel dran,
die läuft hier rum, ist nur am lungern,
und wird auch sicher bald - verhungern."

Macken

Es gibt Menschen, die haben Macken,
manche reden mit vollen Backen,
andere nehmen den Mund zu voll,
und verursachen damit nur Groll.

Auch diese Macken sind ein Grauen,
Erstens – an Fingernägel kauen,
Zweitens - popeln zu jeder Stunde,
Drittens – furzen in froher Runde.

So manche Macke ist ein Laster,
zum Beispiel, kaufen ohne Zaster,
oder saufen bis die Schwarte kracht,
und am Handy tatschen Tag und Nacht.

Ein Jeder hat wohl eine Macke,
doch das ist eh, Hose wie Jacke,
würd´s Menschen mit Macken nicht geben,
es wär´ langweilig – unser Leben.

Im Personalbüro

Sie schrieb zig Bewerbungsschreiben,
kann sich nun die Hände reiben,
ein Vorstellungsgespräch steht an,
bei Firma Lach und Kichermann.

Der Personalchef spricht zu ihr:
„Nun - liebe Frau, wir suchen hier,
'ne Kraft, die keine Arbeit scheut,
und uns´re Kunden gut betreut,
die fleißig ist und niemals krank,
die für uns rackert – jahrelang.“

„Ach, guter Mann, das find ich topp,
ich such schon lang solch einen Job,
sie können mich auf Anhieb buchen,
da helfe ich doch gern - beim Suchen !"

Chinasuppendiät

„Lange haben wir uns nicht geseh´n,
dass wir uns treffen, finde ich schön,
Speck hast du verzehrt, am liebsten blank,
warst dick - wieso bist du jetzt so schlank ?"

„Ich mache Chinasuppendiät,
und das seit Wochen, von früh bis spät,
bin in Form, fühle mich richtig frisch,
nur Suppe kommt bei mir auf den Tisch !"

„Die Suppe werd ich mir besorgen,
und sie ausprobieren – gleich Morgen,
ach – nur damit ich's genauer weiß,
sind dort Glasnudeln drin, oder Reis ?"

„Ohne Nudeln, ohne Reis, mein Freund,
sie wird nur mit Soja, leicht gebräunt,
die Mahlzeit ist genau bemessen,
und wird nur - mit Stäbchen gegessen !"

Drei Chinesen

Für drei Chinesen ist es nun klar,
sie wandern aus nach Amerika,
es geht los mit neuen Gewändern,
ihre Namen werden sie ändern.

Ein “ck“ wird einfach angefügt,
weil das in den USA genügt,
der Erste, namens Chu, nennt sich Chuck,
aus dem Zweiten, dem Bu, wird ein Buck.

Der Dritte, der rauft sich die Haare,
sagt: „Für mich ist es nicht das Wahre,
mein Name Fu bringt gewiss kein Glück,
ich bleib lieber – in China zurück !“

Beim Optiker

Heinz sein Problem ist das Augenlicht,
ihm fehlt seit Wochen die klare Sicht,
drum beschließt er am frühen Morgen,
schnurstracks für Abhilfe zu sorgen.

Er geht gezielt zum Optiker rein.
„Guten Tag mein Herr, was darf´s denn sein ?"
„Nun", sagt Heinz, „es wäre mein Wille,
besser zu sehen, mit ´ner Brille."

„Dafür nehme ich mir gerne Zeit,
geht´s um Kurz oder Weitsichtigkeit ?"
Heinz sagt irritiert: „Oh nein, oh nein,
nicht kurz, nicht weit, – durchsichtig - soll sie sein !"

Zwei Tausendfüßer

Zwei Tausendfüßer aus Nauen,
betrachten sich hübsche Frauen,
sie stehen nah am Badestrand,
weil viele dort so braun gebrannt.

Der Eine sagt: „Ist doch Klasse,
in der blöden Menschenrasse,
da gibt's tatsächlich dann und wann,
ein Weibchen, das man anseh´n kann."

Der Andere, ganz der Kalte,
hat hier und da, Vorbehalte:
„Die Figur macht´s nicht alleine -
schau doch nur mal auf die Beine - !"

„Die Beine sind doch glatt und schön,
nicht abstoßend und nicht obszön."

„Ja, Beine - glatt, schön und sehnig,
nur davon - viel, viel zu wenig !"

Im zehnten Stock

Im zehnten Stock bei zwanzig Grad,
nimmt Susanne gern ein Vollbad,
sie singt auch gerne, das ist Fakt,
im Badezimmer splitternackt.

Singend steigt sie aus der Wanne,
diese bildhübsche Susanne,
glaubt sich, wie immer, ganz allein,
da schaut ein Fensterputzer rein.

Dicht an der Scheibe steht der Mann,
sie ist entsetzt und starrt ihn an,
doch der sagt nur: „Was ist gescheh´n,
hab´n sie noch nie ´nen Mann geseh´n ?“

Lieber Gott

Lang verheiratet, drei Söhne,
die stehen alle ihren Mann,
eines Tages kommt das Schöne,
daheim steht goldne Hochzeit an.

Die Eltern laden dazu ein,
und die drei Brüder finden´s schön,
wie sollte es auch anders sein,
sie freu´n sich auf ein Wiederseh´n.

Bald schon stehen die Genannten,
angereist aus Süd und Norden,
vor der Frage von Verwandten:
„Was ist denn aus euch geworden ?"

Oxfort´s Uni-Rektor bin ich,
hab in ganz England viele Fan´s,
und ansprechen nur, lass ich mich,
mit EU E RE MAGNIFIZENZ.

Ich bin beim Papst im Vatikan,
und halte täglich Audienz,
mit Kardinal spricht man mich an,
und sagt ergeben EMINENZ.

Ich, Franz, mach Kulturgeschichte,
und bin schon lang ein großes Tier,
schreib im Internet Gedichte,
les öffentlich, gegen Gebühr.

Meine Zuhörer, sie toben,
es gibt nichts Schlechtes, keinen Spott,
alle kreischen, winken, loben,
und : – „AAACH DUU LIIEEBER GOTT !“

Ehefrau ist zur REHA

Eine Frau, zur REHA in Bad Zwischenahn,
wird am Wochenend besucht von ihrem Mann.
„Hallo Schatz, warst du auch jede Nacht allein ?“
„Aber selbstverständlich !“ - „Was fällt dir denn ein ?"

Abends steigt der Mann zu seiner Frau ins Bett,
hat riesigen Spaß und findet´s richtig nett,
doch die Geräusche von Bett und Matratze,
sie nerven, ihm steht der Schweiß auf der Glatze.

Es klopft an die Wand und jemand schreit: „Hallo,
die letzten fünf Nächte geht das nun schon so,
ich möcht´ gern mal schlafen und komm nicht dazu.
hat man denn nicht mal Samstagnacht seine Ruh ?"

Wetten

Er stand stramm auf der Matte,
in der Hand eine Latte,
rief: „Hallo Frau, gestatte,
wo ist er denn, dein Gatte,
der mit der dicken Patte,
die er gestern noch hatte,
in der Tasche mit Watte,
diese elende satte,
voll gefressene Ratte.“

„Wir, die Nachbarn, die Netten,
die Ausländer, die Letten,
zugezogen aus Metten,
hörten es in den Betten,
dieses Geschrei des Fetten,
wollten kommen und retten,
doch Polizei mit Ketten,
hat ihn schon geschnappt - wetten.“

Dreißig Jahre Ehe

Nach gut dreißig Jahren Ehe,
fragt sich ein Mann – war´s gut, war´s mau,
dieses Gedankengedrehe,
dreht sich um Sex, Ehe und Frau.

Oft träumt er von einer Neuen,
hat aber Angst und ist bequem,
schließlich könnt er es bereuen,
und das wäre - unangenehm.

Sex ist, wie bei vielen Paaren,
hinein ins Bett ganz ungeniert,
hopp, hopp, wie in all den Jahren,
der alte Trott, er funktioniert.

Manches ist fade, manches schmeckt,
diese Ehe läuft nur faktisch,
und auch der Lack ist längst defekt,
doch der Mann denkt trotzdem praktisch.

Kochen, waschen, bügeln - oh nee,
das ist für einen Mann doch trist,
dann lieber Sex wie eh und je,
und den Rest – nehmen wie er ist.

Lästiges Tier

Tierlieb bin ich, sagt man mir,
und trotzdem hasse ich - ein - Tier,
mir geht es furchtbar auf den Geist,
es ist das Tier, das Ohrwurm heißt.

Früh morgens schon verfolgt er mich,
kriecht mir ins Ohr, der böse Wicht,
fängt dort mächtig an zu pochen,
macht mich wahnsinnig seit Wochen.

Er wirbt und wirbt für Sympathie,
mit stets der gleichen Melodie,
dies kleine Tier macht mich verrückt,
es zieht sich einfach nicht zurück.

Hab meine Ohren ausgespült,
und auch mit Eisbeutel gekühlt,
der Plagegeist verschwindet nicht,
vielleicht scheut er das Tageslicht.

Heute Nacht werd ich ihn schnappen,
ihn auf frischer Tat ertappen,
wenn er mich nervt mit viel Musik,
mach ich ihn nieder mit ´nem Trick.

Im Ohr leg ich ´ne Schlinge aus,
zieh diese Nervensäge raus,
schalte dann mein Radio ein,
und schieb das Untier tief hinein,
heult dort der Ohrwurm lauthals auf,
schlag ich mit einem Hammer drauf.

Im Freizeitpark

An einem warmen Sommertag,
flanierte ich im Freizeitpark,
ich traute meinen Augen kaum,
was ich dort sah, war wie ein Traum.

Allein stand sie am Wegesrand,
und raubte mir fast den Verstand,
mit ihrem göttlichen Gesicht,
sah sie hinauf zum Sonnenlicht.

Ihr zartes, grünmattiertes Kleid,
passte perfekt zur Sommerzeit,
spitz ragten zwei Knospen empor,
so, wie ich sie nie sah zuvor.

Ich staunte laut: „Du meine Güte,
diese Knospen, diese Blüte,
fantastisch der Wuchs, die Pose,
dieser wunderschönen – Rose !“

Sie war ein Traum

Ich schlenderte am Ostseestrand,
und traute meinen Augen kaum,
sie lag allein im weißen Sand,
ehrlich gesagt, sie war ein Traum.

Sehr langsam ging ich zu ihr hin,
war entzückt von Ihrer Schönheit,
Minuten stockte mir der Sinn,
dann pochte in mir Heiterkeit.

Denn diese prallen Rundungen,
die ich vor mir im Sande sah,
erforderten Erkundungen,
direkt, sofort, unmittelbar.

Drum zögerte ich gar nicht lang,
fasste zu mit beiden Händen,
und gab ihr Küsse so zum Dank,
auf den Hals und auf die Lenden.

Dann sah ich sie verzaubert an,
sie war ein Schmuckstück aus Fernost,
voll Spannung machte ich mich dran,
und öffnete – die Flaschenpost.

Ein Pferd namens Gerd

Vater stimmt die Tochter glücklich,
schenkt ihr ein wunderschönes Pferd,
es ist wie ihr Freund, so lieblich,
drum bekommt es den Namen - Gerd.

Gerd wird jetzt ständig geritten,
das Mädchen strapaziert ihn sehr,
sein Körper hat schon gelitten,
dem Vater fällt der Anblick schwer.

Doch die Tochter will nur reiten,
zieht die Zügel immer strammer,
man hört ihr Geschrei von weitem:
„Mein Schaukelpferd - ist der Hammer !“

Die schönsten Beine

Sie hat die schönsten Beine,
die ich je im Leben sah,
lang und schlank, so wie keine,
mit einem Wort – wunderbar.

Sie lag in Nachbars Garten,
hatte die Beine gespreizt,
ich spielte draußen Karten,
wurde ständig überreizt.

Die Beine sah ich komplett,
auch da wo sie sich treffen,
blitzblank sauber und adrett,
welch Glück hat Nachbar Steffen.

Auch ich will sie jetzt haben,
und frag den Nachbarn heiter:
„Gibt´s die nur silberfarben,
diese - Klapptritt/Stehleiter ?“

Im Café

Sonntagnachmittag, so gegen Drei,
geh ich ins Cafe “Heiße Tasse“,
am Fenster ist ein Ecktisch frei,
an dem ich mich schnell niederlasse.

Bei Kuchen und ein Kännchen Kaffee,
betrachte ich die andren Gäste,
da sitzt ein Mann bei Torte und Tee,
die Sahne klebt ihm an der Weste.

Gleich am Nebentisch ein junges Paar,
das sich sinnlich in die Augen schaut,
und dann unachtsam, das ist doch klar,
beim Umarmen ihren Tisch umhaut.

Die Serviererin eilt schnell herbei,
um alles wieder aufzustellen,
doch sie rutscht, fällt hin mit grellem Schrei,
ein Hund ist wehleidig am bellen.

Heiß geht es her, einen Tisch weiter,
Kakao fließt auf des Nachbars Schuhe,
trifft auch die Füße vom Begleiter,
für den jetzt Schluss ist mit der Ruhe.

Das Pärchen springt von ihrem Stuhle,
laut schreiend, wie im Varieté,
könnte auch sein, es sind zwei Schwule,
egal, jetzt wird es Zeit - dass ich geh.

Eine Stunde hab ich hier verbracht,
bei Kaffee, Kuchen und “Theater“,
hab mich amüsiert und laut gelacht,
sicher ist – hier komm ich wieder her.

Wahrheit und Lüge

Es trafen sich rein zufällig,
Fräulein Wahrheit und Frau Lüge,
die Erste, nett und sehr gesellig,
die Zweite, kalt im Gefüge.

Beide kannten einander nicht,
spürten jedoch die Abneigung,
die Wahrheit bevorzugte Licht,
die Lüge Nacht und Dämmerung.

Doch dann tauchte vor ihnen auf,
das groß und mächtige Gerücht,
beide nahmen es zwar in kauf,
Vertrauen schenkten sie ihm nicht.

Fräulein Wahrheit und Frau Lüge,
trennten sich, liefen um die Welt,
vermehrten sich - zur Genüge,
und das Gerücht – hat sich hinzugesellt.

Krankes Schwein

In einem Schweinestall, oh welch Graus,
brach eine seltene Krankheit aus,
die Schweine lagen ganz still im Stall,
es waren fünfzehn Stück an der Zahl.

Die Bäuerin war so besorgt wie nie,
sie liebte doch sehr ihr Schweinevieh,
und deshalb rief sie den Tierarzt an,
fragte ihn, ob er schnell kommen kann.

Der kam, untersuchte die Schweine,
und sagte: „Krank ist nur das Eine !"
“Ach Doktor, und wie erkenn ich es ?“,
fragte die Bäuerin unter Stress.

Der Tierarzt sagte auf ihr Drängen:
„Das Kranke lässt sein Schwänzchen hängen“,
doch das ist äußerst schnell behoben,
das Schwänzchen ist bald wieder oben !“

„Dies Pulver geben sie ins Fressen,
drei Tage, bitte nicht vergessen,
am vierten Tag werden sie sehen,
da wird das Schwänzchen wieder stehen.“

„Herr Doktor, Herr Doktor, bitte sehr,
von diesem Pulver brauche ich mehr,
ich bin ganz sicher, bei meinem Mann,
da fängt diese Krankheit auch schon an !"

Blaues Auge

Es schrie die Frau von Landwirt Bracht:
„Ach Gott, was hast denn du gemacht,
wo hast du denn, - ich sorg mich sehr,
das schrecklich blaue Auge her ?"

„Meine beste Kuh, die Elke,
wollte nicht, dass ich sie melke,
sie hat mit dem Schwanz geschlagen,
ich konnt´s einfach nicht ertragen.“

„Drum sprach ich ruhig auf sie ein,
doch sie ließ das Schlagen nicht sein,
hab ihr deshalb unumwunden,
`nen Stein - an den Schwanz gebunden . . ."

Rauch im Zimmer

Er war sehr lang nicht in Gebrauch,
jetzt ist das Zimmer voller Rauch,
und der Hausherr flüstert bieder:
„Der scheiß Ofen qualmt schon wieder,
und dabei war vor einem Jahr,
ein guter Ofensetzer da !“

Der Hausherr, ein meist stiller Mann,
steckt sich ´ne Zigarette an,
seine Frau macht ihn gleich nieder:
„Ach her-je, du rauchst schon wieder !"
„Schimpf doch nicht immer, wenn ich rauch,
was “Der“ da darf, das darf ich auch !“

Die Ehefrau, recht mürrisch drauf,
reißt Fenster und auch Türen auf,
ein Streit im Haus ist programmiert,
der Ehemann raunt tiefst frustriert:
„Dieser Tag, der ist geloofen,
und Schuld ist nur – der blöde Ofen !“

Werd nicht nervös

Ein Mann, der wüsste gern, ganz klar,
wie denn - IHR - Leben vor ihm war,
drum fragt er sie, im Bett um Vier,
„Wie viele Männer warn´s, vor mir ?"

Anstatt sie sich verärgert zeigt,
liegt sie nur da und schweigt und schweigt,
bewegt sich nicht, zwei Stunden lang,
sie lächelt nur, ganz ohne Zwang.

Um Acht hat sie noch nichts gesagt,
drum schaut er ganz besorgt und fragt:
„Bist du mir bös, mein lieber Schatz,
war es von mir, ein dummer Satz ?"

Ein Schmunzeln zieht durch ihr Gesicht,
dann raunt sie leis´: „So ist es nicht -
sei einfach still, ich lieb dich doch,
werd nicht nervös – ich zähle noch !"

Glimmstängel

John Player - sprach leis im Büro,
zu seiner Freundin - Marlboro:
„Ich sah Frau – Ernte - heut am Strand,
sie küsste - Peter Stuyvesant,
und auch Herr - Eckstein - und Frau - Peer,
trieben es sehr heftig am Meer,
und - Lucky Strike -, der alte Fuchs,
lag in den Dünen, mit Frau - Lux,
auch die Frau - West - lag in der Näh´,
und flirtete dort mit - HB,
dann sah ich noch die - Chesterfield,
die ihren kleinen – Lord - festhielt,
der zu seiner - Winston - wollte,
die bei - Milde Sorte - schmollte,
und noch seine - Krone - hatte,
von - L&M – die Nimmersatte."

Der “Braune“

Morgens springt man aus dem Bette,
rennt schnellstens zur Toilette,
will sie loswerden, die Schlacke,
zu dem der Volksmund sagt - Kacke.

Dann sitzt man da, ist am Schnaufen,
legt ihn ab, den großen Haufen,
schaut hinunter auf den “Braunen“,
und kommt nicht raus, aus dem Staunen.

Er ist mal dünn, doch meistens dick,
hat mittendrin auch mal `nen Knick,
mancher ist lang und mancher kurz,
wenn warme Luft kommt, war´s ein Furz.

Zu guter Letzt, man glaubt es kaum,
der “Braune“ ist des Landwirts Traum,
als Gülle sprüht er ihn aufs Feld,
nach guter Ernte, bringt´s ihm Geld.

Man spricht normal von Kacke nicht,
und schreibt von ihr auch kein Gedicht,
doch jeder weiß vom Kackestück,
wenn man hinein tritt – bringt es Glück.

Kalbsschnitzel mit Rosenkohl

Ein Gast bestellt im "Gasthaus Hohl",
„Das Kalbsschnitzel mit Rosenkohl".
Er sitzt gemütlich da und trinkt,
als man ihm fix das Schnitzel bringt.

Doch ihm fällt überraschend auf,
der Ober hat den Daumen drauf.
„Herr Ober, Herr Ober - b i t t e -
was ist denn das für ´ne Sitte ?"

„Ich meine, es gefällt mir nicht,
ihr Daumen auf mein Fleischgericht !"
„Das ist, mein Herr, für's gleiche Geld, -
damit's nicht noch mal - runterfällt !"

Einer verletzt, einer doof

Zwei Penner sind weit gegangen,
die Nacht hat grad angefangen,
da finden sie ein altes Haus,
der Ofen ist natürlich aus.

Der Eine, der am Bein verletzt,
spricht freundlich zu dem Doofen jetzt:
„Es ist saukalt hier, Mann oh Mann,
sei lieb und mach den Ofen an !"

„Ach", haucht der Doofe, „bist du fein,
du liebes, nettes Öfilein !"
„Ich muss meinen Satz erneuern,
nicht anmachen, nein, a n f e u e r n !"

Das zeigt Wirkung bei dem Doofen,
er schreit: „Ofen !!! Ofen !!! Ofen !!!"
Ihr Leser, ich hab den Verdacht,
der Ofen bleibt kalt - heute Nacht.

Hundetreff

Zwei Hunde treffen sich im Park,
einer klein, einer groß und stark.
dem Kleinen genügt das Bellen,
der Starke will sich vorstellen.

„Ich bin stolz, ganz ohne Tadel,
bin ein Hund von echtem Adel !"
Und dann ergänzt er wie ein Held:
„Man nennt mich - Rex von Fürstenfeld !"

Der kleine Hund erwidert: „Autsch -
ich heiße – "Runter" von der Couch !"

Nur der Blindarm

Erich fährt seinen Freund in die Klinik,
er hat so Schmerzen im Unterleib.
Kurze Zeit später, voller Panik,
kommt der zurück und schreit: „Böses Weib !“

„Was ist denn passiert ?“ fragt Erich ihn:
„Die Schwester sagte voll Euphorie,
die Kleinigkeit, die kriegen sie hin,
ist nur der Blinddarm, das schaffen Sie !"

Freund Erich lacht und fragt: „Oh Mann, oh Mann,
und deshalb wirst du von Angst geplagt ?“
„Fahr los Erich, sonst packt mich der Wahn,
sie hat diesen Satz - zum Arzt gesagt !"

Verkehrsunfall

Verkehrsunfall am Ortseingang,
fünf Autos sind dran beteiligt,
bedenklich viel Benzingestank,
ein Unfallopfer hat´s eilig.

Zieht fix seine Hose runter,
und beginnt zu onanieren,
lächelt freundlich, schüttelt munter,
denkt nicht dran sich zu genieren.

Ein Mann geht auf ihn zu und fragt:
„Was soll denn diese Sauerei ?“
Als Antwort wird ihm prompt gesagt:
„Ich hab´s gelernt bei Fahrschul Frey !“

„Ich Ausländer hab hingehört,
was Deutsch Fahrlehrer mir sagen -
wenn Auto durch Unfall zerstört,
handeln und nicht lange fragen,
Fahrlehrer sagt – erst Sper-ma ab,
wenn fertig - hol ma Polizei !“

Lottogewinn

Sie kommt nachts um elf jubelnd nach Haus,
zieht im Flur nur ihre Schuhe aus,
rennt in die Wohnung, zeigt ihrem Mann,
dass sie mehr als nur arbeiten kann.

„Mein Schätzchen, es ist nicht gesponnen,
ich habe im Lotto gewonnen !“
Sie stellt sich auf in Pose und schnauft:
„Hab mir gleich diesen Pelz hier gekauft !“

Nach acht Tagen der gleiche Trubel,
und noch viel, viel größer ihr Jubel:
„Schatz, mein heutiger Lottogewinn,
ist wie ein neuer Lebensbeginn !“

„Schau dir diesen Diamantring an,
den ich mir, dank Gewinn, leisten kann,
und auch am Hals mein neues Collier,
es bescherte mir, die Lottofee !“

Acht Tage später noch mehr Geschrei,
es ist Lottogewinn Nummer Drei.
„Schatz, schau her, mein neuer Sportwagen,
Lotto ist Spitze, muss ich sagen !“

„Heut möchte ich Freunde einladen,
doch vorher Schatz, will ich noch baden,
lass bitte für mich das Wasser ein,
dann mache ich mich für dich, ganz fein.“

Nach zehn Minuten geht sie ins Bad,
schreit erbärmlich und dreht fast am Rad:
„Drei Tropfen Wasser in der Wanne,
Schatz, hast du einen an der Pfanne ?“

„Ich kenn dich doch und weiß wie du bist,
mein Schatz, Liebling, ich bin Realist,
seit Jahren bin ich mit dir liiert,
ich will nicht - das dein Lottoschein nass wird !“

Glaub mir

Glaub mir, hör nie auf zu träumen,
und gib auch die Hoffnung nicht auf,
denk nicht, du kannst nichts versäumen,
sag nicht, das ist des Lebens Lauf.

Glaube stets an deine Träume,
sie zeigen dir Wege zum Glück,
denn Träume sind nicht nur Schäume,
sie treiben vorwärts, nicht zurück.

Mag dir auch endlos erscheinen,
manche Nacht und manch dunkler Tag,
schäme dich nicht, laut zu weinen,
wenn deine Seele es so mag.

Deine Traurigkeit, wird vergeh´n,
setz die ganze Hoffnung darauf,
am nächsten Morgen wirst du seh´n,
es geht für dich die Sonne auf.

Glaub mir, hör nie auf zu träumen,
und gib auch die Hoffnung nicht auf,
Glück wird dir den Platz einräumen,
Platz - den die Liebe für dich braucht.

Du bist mein Stern

Ich bin nicht so wie du gedacht,
drum sieh doch wie ich wirklich bin,
wir haben immer laut gelacht,
ganz einfach so und ohne Sinn.

Du siehst allein das Sonnenlicht,
und ganz selten meine Tränen,
du siehst nicht, wie mein Herz zerbricht,
zeigst mir nur ein müdes Gähnen.

Sei doch wieder wie zu Anfang,
zeig einfach deinen heit´ren Kern,
dann spür ich wieder diesen Drang,
dir zu sagen – du bist mein Stern.

Das Kostbarste

Das kostbarste auf dieser Welt,
sind nicht Juwelen und nicht Gold,
es ist auch sicher nicht das Geld,
auch nicht ein Auto, das stets rollt.

Das kostbarste auf dieser Welt,
ist das, was man nicht kaufen kann,
und doch als einzigartig zählt -
LIEBE und LEBEN - steht ganz vorn dran.

Zurück, Stück für Stück

Einst wurde mein Herz hart zerschlagen,
fühlen - wollte es nicht mehr wagen,
gebrochen durch Schmerz und stark verwirrt,
hat es sich in Dunkelheit verirrt.

Dann schlich sich erneut die Liebe ein,
das Leben sollte jetzt bunter sein,
nach Finsternis kam nun die Farbe,
legte sich langsam um die Narbe.

Auch mein Herz begann sich zu glätten,
es lösten sich fortwährend Ketten,
das Fühlen kam mit der Zeit zurück,
ebenso die Liebe, Stück für Stück.

Hab lang genug vieles gemieden,
doch dann für das Neue entschieden,
jetzt werden überdeckt die Narben,
von Licht und Regenbogenfarben.

Es wird alles gut

Gestern Abend, so gegen zehn,
hab ich ´nen hellen Stern geseh´n,
er leuchtete golden und klar,
wie ich es lang schon nicht mehr sah.

Ich sprach zu ihm, dem hellen Stern,
er blinkte die Antwort von fern,
machte mir unendlich viel Mut,
meinte wohl: „Es wird alles gut !“

Dies Blinken hab ich verstanden,
weil Frag´ und Antwort sich fanden,
still stand ich noch lang vor der Tür,
der Stern und ich - waren ein WIR.

Früh morgens

Früh morgens, wenn der Tag beginnt,
weißt du nicht, womit er startet,
sind dir die Stunden gut gesinnt,
kommt etwas, ganz unerwartet.

Sonne scheint Dir hell ins Zimmer,
du streckst den Kopf zum Fenster raus,
kochst den Kaffee, so wie immer,
und fühlst dich wohl, in deinem Haus.

Dann bestaunst du deinen Garten,
vergisst die Zeit und auch den Raum,
Hausarbeit, sie kann noch warten,
du sitzt bequem am Apfelbaum.

Dieser Tag scheint gut zu werden,
kein Wölkchen steht am Himmelszelt,
du stehst auf, ohne Beschwerden,
denkst: „Wunderschön ist diese Welt !“

Lebensspiel

Klar, es gehört zum Lebensspiel,
und andre Menschen macht es froh,
denn ihr Gerede hat ein Ziel -
das du den Kopf hast voller Stroh.

Geh und wehre dich dagegen.
kämpf gegen diese Leute an,
zieh doch blank und nimm den Degen,
bist schließlich ein gestand´ner Mann.

Fass dir ein Herz, zeig es Ihnen,
hast doch öfter schon gefochten,
warst auf deinen Lebensschienen,
schon in manchen Streit verflochten.

Durchschaut hast du, worum es ging,
hast deren Absicht verstanden,
sei nun einfach fröhlich und sing,
dann kann keiner bei dir landen.

Dein Leben ist dir doch nicht fremd,
sei auf keinen Fall bescheiden,
du hast dich tapfer durchgestemmt -
doch nicht jeder konnt´ es leiden.

Sei klug, ignorier die Neider,
nichts ist im Leben wie man´s will,
die Wahrheit ist – leider, leider,
ein ungerechtes Lebensspiel.

Trübe Spätherbstnacht

Trüb endet diese Spätherbstnacht,
ein Grau bedeckt das Himmelszelt,
nur ein einziges Sternchen lacht,
so als wäre es dort aufgestellt.

Durch die Buchen geht ein Raunen,
ergreift alsbald den kleinsten Busch,
zwei Meisen, etwas schlaftrunken,
fliegen davon in einem Husch.

Nebelschwaden durchziehen das Land,
so wie die Schäflein die Heide,
legen sich still auf Gras und Sand,
glitzern dort wie Perlgeschmeide.

Am Horizont erklimmt mit Macht,
der Sonne strahlend Angesicht,
das sich als diamant´ne Fracht,
in jedem Wassertropfen bricht.

Der neue Tag bäumt sich nun auf,
vertreibt das graue Nebelkleid,
und erzielt nach kurzem Anlauf,
stahlblauen Himmel - weit und breit.

Geist gleicht dem Wind

Stemme Dich gegen den Orkan,
der Friede und Freundschaft zerstört,
sei dem sanften Hauch angetan,
der stets zum Miteinander führt.

Suche immer den frischen Wind,
der Missmut wie Wolken vertreibt,
atme die reine Luft geschwind,
weil Dein Wohlbefinden dann bleibt.

Damit dies alles reifen kann,
halt einfach ganz geduldig still,
und denke jeden Tag daran,
Dein Geist gleicht dem Wind –
er weht wie er will.

Golffreunde

Ein gutbetuchter Mann aus Köln am Rhein,
der lud am Sonntag acht Golffreunde ein,
seine Frau, jung, hübsch und immer agil,
er selbst über sechszig, ein Mann mit Stil.

Beide schienen sich mächtig zu lieben,
sind jedoch ohne Kinder geblieben,
und deshalb sprach er: „Liebe Collegen,
mein Frauchen ist schwanger, welch ein Segen,
wir wissen es erst seit ein paar Tagen,
und sind sehr glücklich, möcht ich euch sagen !"

Die Golffreunde hörten aufmerksam zu,
zwei Minuten herrschte völlige Ruh,
bis einer im Kreis fragt und hämisch lacht:
„Und – hast du schon 'nen bestimmten Verdacht ?"

Per Anhalter

Werner trifft seinen Freund Gerd vor´m Cafe,
in einem nagelneuen Sport-Coupe:
„Sag mal, wie hast du das bloß gemacht – he?,
warst ein armer Hund, wie hier die Meisten,
konntest dir nicht mal ein Moped leisten !"

„Ach weißt du, ich stand an der Straße rum,
als Anhalter, einfach nur still und stumm,
ich war wohl keinem Fahrer willkommen,
doch dann – hat mich ´ne Frau mitgenommen.

An der Ausfahrt im Wald, fuhr sie hinaus,
hielt an und zog ihren Nerzmantel aus,
zum Schluß das Höschen, dann war sie ganz nackt,
und ich hab sie vorsichtig angepackt !“

„Sie raunte leis“: „Laß diese Fummelei,
nun greif richtig zu, was ist schon dabei,
du kannst von mir doch alles bekommen !“
„da hab ich das Sport-Coupe genommen,
Schmuck und Mantel hab ich nicht angefasst,
und das Höschen – hätt´ mir eh nicht gepasst !“

Daheim

Ein gemütlicher Ort,
ein schöner Lebensraum,
dazu ein liebes Wort,
das ist des Menschen Traum.

Ein zartes Lächeln hier,
ein Händereichen dort,
Gefühle ohne Zier,
das ist des Menschen Hort.

Ein paar nette Blicke,
ein Zwinkern hin und wieder,
Küsse, richtig dicke,
das sind des Menschen Lieder.

Stete Geborgenheit,
gespickt mit Sonnenschein
und Ausgewogenheit,
das nennt der Mensch – DAHEIM.

Mann an der Bar

Allein sitzt ein Mann an der Bar,
mit goldner Armbanduhr - ein Star,
neben ihm ´ne sehr hübsche Frau,
sie taxiert den Mann ganz genau.

Denn der hat die Uhr oft berührt,
und danach stets ans Ohr geführt,
jetzt muss sie ein Gespräch starten:
„Na, lässt Ihr Schatz auf sich warten ?“

„Nein, nein, mein Fräulein, keine Spur,
das ist 'ne Telepathik-Uhr,
die kann vielerlei erkennen,
und alles beim Namen nennen !“

„Jetzt sagt sie mir, bis ich es lösche,
SIE tragen keine Unterwäsche !“
„Die muss defekt sein, guter Mann,
ich habe drunter alles an."

Der Mann blickt auf, äußerst erstaunt,
bevor er lächelnd zu ihr raunt:
„Ich hab die Uhr jetzt ganz fest am Ohr,
sie sagt - sie geht bloß 'ne Stunde vor !“

Kleine Freuden

Ein paar winzig kleine Freuden,
verschönen mir den Tag,
dieser Balsam für die Seele,
ist etwas, das ich mag.

Ein kleiner Wunsch, der sich erfüllt,
und sei er noch so klein,
kann für mich um vieles schöner,
als Wertgeschenke sein.

Ein schönes Lied, das ich gern mag,
leis´ ertönt im Radio,
es stimmt mich so, wie ich es sag,
zu jeder Stunde froh.

Ein Brief, den ich schon lang ersehnt,
halt ich fest in meiner Hand,
er macht mich überglücklich,
bin außer Rand und Band.

Ein guter Freund aus alter Zeit,
klopft plötzlich bei mir an,
das ist für mich ein wahrer Grund,
der mich erfreuen kann.

Ein ganzer Tag wär notwendig,
meine Freuden aufzuzählen,
doch viele werden mir genommen,
ich kann es nicht verhehlen.

Auf einen blauen Brief, den der Sohn von der Schule mitbringt,
antwortet der Vater wie folgt:

Mein liber Härr Leerer

Härzlichen Dang für iren Brief,
in däm sie mir offen sagen,
mein Soon der had ein ages Tief,
sein deutsch is nich zu erdragen.

Dazu kan ich nur andworden,
deutsch fil ihm schon imer schwär,
er hads nich so mid Haubtworden.
un Tuworde mag er nich sär.

Ich sach imer, imer wider,
mein liber Junge les und schreib,
deine wilden Hibhoblider,
sin nur ferrügder Zeidverdreib.

Auch ich waar mal inne Schule,
hab imer fleissich deutsch gelernd,
un mid deiner Mudder Jule,
ligd unsre Fiehzuchd foll in Drend.

Mein liber Leerer Immaugen,
ich gäb ienen heud mein Word,
mid mein Soon wärd ich jätz paugen,
teglich drei Stunden, hir for Ord.

Rechdschreibung sol er nuun lärnen,
ich fersprächs, ich lärns dem Kleinen,
doch jätz mus ich mich endfärnen,
mus schnäll hin zu meinen Schweinen.

Hochachdungsfoll
der Fadder fom Soon

Einsame Wolke

Einsam schwebt eine weiße Wolke,
am blauen Firmament,
wölbt sich auf, als ob sie sagen wollte,
diese Welt erscheint mir fremd.

Dort unten sterben Wälder,
Flüsse sind so trüb und grau,
vertrocknet sind auch Felder,
von oben sieht man´s ganz genau.

Die Menschheit lebt in Hektik,
wilde Tiere gibt´s kaum mehr,
Luft ist über Städten dreckig,
diese Welt schockiert mich sehr.

Ich bin nur eine Wolke,
seh von oben die Natur,
es fehlen mir die Worte,
überall nur Chaos pur.

Länger kann ich´s nicht ertragen,
der Wind soll mich verweh´n,
doch ein´s möcht ich noch sagen,
Raubbau, wird nicht mal Gott versteh´n

Vergänglichkeit

Spuren im Sand, am Strand, sind genau wie das Leben,
zuerst frisch, klar und deutlich zu lesen,
später verweht, alt, unscharf, mit starken Blessuren,
auch sie schwinden Stund um Stund,
man sieht nur noch Konturen,
die werden dann komplett von Wind und Wasser gefressen,
schon kurze Zeit später – sind sie restlos vergessen.
Der Sandstrand ist wieder glatt, völlig genesen,
als wäre hier nie, niemals etwas anderes gewesen.

NICHTS ist von Dauer

Was nützt uns alles Gold und Geld,
was nützt das schönste Himmelszelt;
wenn es als völlig sicher zählt,
das ALLES irgendwann zerfällt.